Paisajes del alma

Canarias, cine e identidad

Paisajes del alma

Canarias, cine e identidad

Eduardo García Rojas

LIBROS DE CINE

Directora de arte: Sara Hernández
Maquetación: Marina Zambrana

Paisajes del alma. Canarias, cine e identidad

Primera edición en **Ediciones Idea**: 2024

Ediciones Idea
• San Clemente, 24, Edificio El Pilar
38002 Santa Cruz de Tenerife.
Tel.: 922 532150
Fax: 922 286062

• León y Castillo, 39 — 4º B
35003 Las Palmas de Gran Canaria.
Tel.: 928 373637 — 928 381827
Fax: 928 382196

correo@edicionesidea.com
www.edicionesidea.com

Fotomecánica e impresión: Gráficas Tenerife, S.A.
Impreso en España — Printed in Spain
ISBN: 978-84-10272-15-6
Depósito legal: TF 682-2024

El 'Estudio' único lo he tenido en la incomparable luz natural de este país, única en el mundo, según autorizadas opiniones de operadores y directores que, pertenecientes a otras compañías de filmes que han estado en Canarias impresionando asuntos para sus producciones, han quedado admirados y con grandes deseos de volver a trabajar aquí

José González Rivero, fragmento de «El ladrón de los guantes blancos», artículo publicado en *La Gaceta de Tenerife*, 5-9-1926

A Miguel Ángel Toledo Morera, un visionario pero sobre todas las cosas un querido amigo. A Francisco Galán, con quien he pasado (y pasaremos) largas horas viendo y hablando de películas. Y a Los Goonies, aquella formidable pandilla que formamos, entre otros, mis amigos ausentes Luis Román González Bango, «Agu», o Miguel Ángel Montero López; Fernando Chinea Campos y Enrique Cichosz Díaz

PRESENTACIÓN

El sueño que acarició a lo largo de su vida el cineasta pionero José González Rivero lleva camino de convertirse en una realidad si continúa el apoyo constante que tanto el Gobierno de Canarias como algunos Cabildos están prestando al cine. Un cine con claves netamente insulares, que explora las constantes de un archipiélago que todavía anda confuso en busca de una identidad que parece que se le escapa. A través de las películas comienza no obstante a construirse una cinematografía que aún con balbuceos empieza a dar señales de que por fin disfruta de una salud que si bien no es envidiable si se la compara con la realidad cinematográfica de otras comunidades autónomas, sí que está evolucionando, que mira al futuro sin dejar de mirar al pasado. Por eso, el sueño que una vez tuvo José González Rivero lleva camino de convertirse en realidad porque al margen de las producciones nacionales y extranjeras que buscan exteriores en las islas al llamado de sus atractivos incentivos fiscales, hay un grupo cada vez mayor de cineastas de estas tierras dispuestos a rodar películas. A contar historias, «nuestras» historias, a través de imágenes.

La idea de estas conversaciones nos la sugirió el visionado en cine de *Matar cangrejos* –Omar Razzak, 2023–, una película que explora bajo el prisma de una crítica inteligente los paisajes de la isla de Tenerife siempre en función de la historia. La primera de las conversaciones que realizamos para el presente volumen la sostuvimos con David Pantaleón, director de *Rendir los machos* (2021), un largometraje que se desarrolla en Fuerteventura y muestra los paisajes de la isla como pocas veces se han mostrado en el cine que se rueda a este lado del Atlántico. Y es que el paisaje de las islas es fundamental para entender un cine que se hace en las islas y que protagonizan gentes de las islas.

Benito Fernández Arozena, responsable de la sección *Butaca de pasillo* en las páginas de Cultura de *La Gaceta de Canarias*, un periódico de Tenerife que desapareció hace años, escribió que el cineasta tinerfeño Juan Carlos Fresnadillo era el mejor que había mostrado en la gran pantalla el Teide y las Cañadas del Teide. El filme al que se refería el crítico es *Intacto* (2001), el primer largometraje de su director.

Somos conscientes que en estas entrevistas –23 en total– faltan otros tantos cineastas que desarrollan en la actualidad sus carreras cinematográficas en el Archipiélago pero algunos no están de manera consciente porque su cine, pese a que sus responsables hayan nacido en las islas, se ha desarrollado fuera de ellas y otros porque, sencillamente, no se pudo dar cabida a todos. Estamos seguro que sus declaraciones hubieran enriquecido un texto –el que tiene ahora en sus manos– que solo pretende indagar en la presencia que la geografía y la naturaleza de las islas impregna en sus cortos y largometrajes, así que esperamos recoger los testimonios que ahora no están presentes para otro libro con estas mismas características y que en el futuro podría incluir no solo a directores/as sino también a productores y actores y actrices, así como a otros técnicos que participan en el laborioso proceso de levantar/rodar/estrenar una película.

Aprovechamos esta introducción para agradecer el título de este trabajo, *Paisajes del alma*, ya que nos fue sugerido por el cineasta y responsable del Festivalito, José Víctor Fuentes. El título corresponde a un libro de Miguel de Unamuno y pensamos, José Víctor y quien ahora les escribe, que resultaría muy adecuado para una obra de estas características porque ilustra los objetivos marcados desde el inicio, cuando se emprendió esta tarea. Una tarea que solo pretende mostrar cuáles son los caminos que exploran los cineastas canarios en su relación con el territorio y si creen que vivimos en un archipiélago al que define una identidad común.

El cuestionario planteado, que es más o menos el mismo para todos los entrevistados, insiste en estas cuestiones aunque en ocasiones trata de otros asuntos como es la de preguntar sobre sus películas y en especial y según algunos casos, la de conversar incluso de algún estreno reciente como fue el de Jennifer Castañeda, que exhibía entonces en cines su primer largometraje, *Gleich*, rodado entre El Hierro y Tenerife; Armando Ravelo, que hacía unos meses había estrenado *Érase una vez en Canarias* y mucho antes de que anunciara su retirada del cine[1]; *Matar cangrejos*, de Omar Razzak, cinta que permaneció en cartel más de siete semanas en unos multicines de la capital tinerfeña y *Damsel*, una película de Juan Carlos Fresnadillo para Netflix y en la que estaba trabajando justo en el momento en el que solicitamos que participara en este libro.

El estreno en salas de estas tres películas «canarias» en 2023 –y es probable que se me escape alguna más, eso sin contar los cortometrajes– obliga a pensar que el cine con acento «de aquí» comienza a caminar por una superficie sólida. Lo que hay que mejorar ahora es dar mayor publicidad a estas propuestas, agilizar las subvenciones, replantearse los jurados que seleccionan los mejores trabajos según sus criterios y sobre todo que sea el

---

[1] El director de cine grancanario Armando Ravelo anunció el lunes 29 de enero de 2024 que se retiraba del cine y de la vida pública tras reconocer la veracidad de las acusaciones vertidas contra él por parte de la artista multidisciplinar Koset Quintana.

público quien respalde estas producciones yendo a las salas para consumir el cine que se hace aquí por gente de aquí.

Muchas de las respuestas de los cineastas entrevistados han contribuido a que vea su cine con otros ojos y ha clarificado algunas dudas que tenía para entender el territorio en el que vivimos. También para conocer de dónde viene ese cine que se hace en estas tierras, insistiendo en un elemento común que para mí es clave en este –vamos a llamarlo así– fenómeno, y es como pesa en todas estas películas el paisaje, el territorio geográfico como el humano de las islas.

Muchas de las opiniones que se recogen en estas páginas ofrecen una visión –creo que por vez primera– sobre una realidad que trasciende lo fílmico y pone de manifiesto que a la mayoría de los cineastas nacidos o residentes en Canarias que hacen sus películas en Canarias ya no quieren evadirse del territorio en el que viven sino que buscan historias que discurran en ese mismo territorio del que antaño se quería huir creativa y artísticamente.

Se produce así una rotura no demasiado abrupta entre los cineastas canarios que rodaban en los años 90 cortometrajes costosos porque el soporte utilizado se trataba del celuloide y la revolución que sacudió al cine «canario» a principio del siglo XXI con la aparición de las cámaras digitales, lo que abarató presupuestos y «democratizó», en palabras del mismísimo Francis Ford Coppola, el acceso a rodar películas.

Otro rasgo que distingue a los cineastas del XXI con los que rodaban sus películas a finales del XX es que ahora se buscan y se cuentan relatos que se desarrollan en las islas, a las que se muestran en todo su esplendor y también miseria. Este nuevo cine, que a estas alturas ya no resulta tan «nuevo», tiene también vocación universal aunque sus historias transcurran en Garachico como en Arucas por poner solo dos ejemplos. En todo caso, se tratan de películas que cuentan historias que pueden verse y entenderse en todo el planeta aunque se desarrollen en el archipiélago canario.

La selección de los entrevistados obedeció, entre otros criterios, a que las películas que habían rodado y firmado como directores/as se habían realizado en Canarias ya que el objeto de este trabajo era el de cuestionarles a cada uno de ellos la importancia que daban al paisaje, al territorio, en sus filmes. Canarias además tenía que identificarse como Canarias en estas películas con independencia de la mirada, fuera crítica o no, sobre «nuestra realidad» aunque salvo el caso de *Esposados* e *Intacto*, que sí se rodaron en Fuerteventura y Tenerife, la primera, y Tenerife, la segunda, no se identifica la isla pero es tan sobresaliente cómo se fotografía y visualiza las emociones de sus personajes que entendimos necesario contar con la voz de su director, Juan Carlos Fresnadillo, que sigue siendo «nuestro cineasta más internacional» y no solo por haber estado nominado a los Oscar de Hollywood sino también porque el resto de su filmografía la compone una serie de títulos de alcance mundial (*Intruders*, *28 semanas después* y ahora *Damsel*).

En el cuestionario que, se insiste, ha sido prácticamente el mismo para todos/as los cineastas, hemos evitado plantear la pregunta del millón que no es otra que «si de verdad existe un cine canario». Para los interesados en esta cuestión y en sus posibles respuestas, les invitamos a que consulten el primer número de la revista *Alisios* –mayo 2018–, aunque en esta publicación respondan además de cineastas, productores e incluso periodistas especializados en esto del cine.

Si leen las entrevistas que reunimos ahora en *Paisajes del alma* observarán que en algunos de los casos los entrevistados coinciden en muchas de las respuestas, en especial las que concluyen que se está viviendo una época de esplendor en cuanto al cine que se rueda aquí por gente de aquí gracias sobre todo a los apoyos del Gobierno canario, aunque también se manifiesten críticas a sus políticas audiovisuales. Se incluye además en este trabajo y al final a modo de apéndice un paquete de críticas o más bien comentarios sobre alguno de los filmes que se mencionan en las entrevistas que aparecen en las filmografías –en algunos de los casos no completas– de cada uno de los cineastas entrevistados, la idea era estimular el entusiasmo por verlas, de comprobar con su visionado que la obra de todos estos directores/as está ahí, fortaleciendo las raíces de un cine que ya es una realidad.

Por último, sí quisiera reiterar las disculpas a los muchos profesionales de ambos sexos que deberían de aparecer en este trabajo y que sin embargo no están[2]. También a los que conscientemente descartamos porque las películas que forman parte de su filmografía estaban rodadas en su mayor parte fuera de las islas. Me gustaría destacar mi profundo agradecimiento a los que sí quisieron sumarse desinteresadamente a este proyecto e indicar que no hubo nadie que declinase nuestra invitación a formar parte de una iniciativa que viene a sumarse a la ya amplia bibliografía escrita sobre el cine que gente de aquí rueda aquí, en su propia tierra.

Que el cine que se hace en las islas por cineastas nacidos y/o residentes en las islas es una realidad se debe en gran parte al trabajo que con anterioridad realizaron una serie de cineastas independientes que a base de mucho esfuerzo y trabajo levantaron producciones que en su día fueron vista más que como películas como ejercicios de excentricidad. Con todo, y pese a que la mayoría de ellas no han superado la prueba del tiempo, me gustaría recordar antes de poner punto y final a esta presentación a cineastas que, pese a todo, consiguieron llevar a buen puerto sus películas como fue el caso de Fernando H. Guzmán –Santa Cruz de Tenerife, 1946-1996–; Roberto Pérez Toledo –Lanzarote, 1978-Madrid, 2022–; Dunia Ayaso –Las Palmas de Gran Canaria, 1961-Santa Cruz de Tenerife, 2014–; Antonio Betancor –Santa Cruz de Tenerife, 1942-Santa Cruz de Tenerife, 2006– y Juan

---

[2] Al cierre de este libro, se había estrenado en Berlín *La hojarasca*, ópera prima de la cineasta grancanaria Macu Machín y se anunciaba el rodaje en la isla de Fuerteventura de *La lucha* (título provisional), segunda película de José Alayón, productor de El Viaje Films, entre otras películas.

Puelles López, que falleció en agosto de 2024 entre otros muchos ya que sin su aportación escribir una posible historia del cine en Canarias sería tarea imposible.

A todos ellos, a los ausentes y a los que hoy ruedan documentales, cortos y largometrajes de ficción, nuestro agradecimiento porque somos conscientes del enorme esfuerzo, por modesta que sea la producción, que significa levantar una película. Por fortuna, y es una opinión que suscriben muchos de los cineastas entrevistados, las cosas están cambiando en los últimos tiempos ya que se está formando a profesionales en los distintos apartados técnicos y artísticos que hacen posible un corto o un largometraje. Con todo, algunas de las voces encuestadas demandan la creación de escuelas oficiales al margen de las privadas que están apareciendo en las islas así como la creación de un festival de cine canario. Éstas y otras son las ideas que defienden con argumentos en ocasiones incontestables los protagonistas de este libro, todos ellos directores/as de un cine que, como el que se hace en Canarias por canarios, intenta encontrar su lugar en el mundo.

Paisajes del alma

23 entrevistas con cineastas canarios

«MI CINE NO SE ENTIENDE SIN LA PALMA»

MERCEDES AFONSO

La isla de La Palma es una presencia habitual en el cine de la cineasta Mercedes Afonso y no solo porque aparezca en muchas de sus películas sino también por el carácter con el que lo visualiza, que lo impregna todo y dota a estos trabajos de una densidad en la que se refleja el peso autoral de una directora y guionista que posee una mirada única e intransferible. Mercedes Afonso se encuentra en estos momentos en la fase de desarrollo del que será su nuevo largometraje, un documental de creación intimista que lleva el título de *El Mapa para tocarte*. En su filmografía se encuentran títulos como *La tierra desde la luna* (2001), *El amor se mueve* (2008), *Madres bajo la piel* (2012), *La vida en las manos* (2012), *Autobiografía* (2014), *Iyena* (2015) y *Tanat* (2019), entre otros.

−¿QUÉ ES LO QUE LA LLEVA AL CINE?

−Desde muy chiquitita mi madre me leía todas las noches. Me leía novelas y me encantaba. Cuando empecé a leer devoraba libros. Cuando crecí un poquito empecé a ver películas y me encantaban también. Fui al cine por primera vez con cinco años en mi pueblo, el cine Los Ángeles, en El Paso, y fue algo maravilloso. Fue una película de dibujos animados, *20.000 leguas de viaje submarino*. Tengo esa imagen grabada. Al ver *Cinema paradiso* recuperé esa sensación tan bonita.

En el instituto, con quince años, ya tenía esa pasión de contar historias en imágenes. En aquella época en Canarias era imposible así que pedí la plaza en Ciencias de la Información en Madrid y no me la dieron, y entonces me matriculé en Historia del Arte en La Laguna y allí me vinculé al aula de cine. En Madrid fui a Séptima Ars, una escuela privada, con la ayuda de mi padre y estuve un año. Y de ahí salió un primer cortometraje en 16 mm llamado *Siempre*. Fue en 1996. Lo mandé a pocos festivales y tuvo dos premios, y era un corto de escuela muy sencillo.

Después de ese momento, me quedo un año más en Madrid haciendo contactos y me ofrecen hacer una serie, ya que encajaba en el perfil. Lo pensé varios días y dije que no porque no quería hacer series. Había ido a hacer cine.

Ya en Tenerife y La Palma empecé a dar talleres. Entonces hice mi segundo cortometraje en 35 mm, que en aquel momento costó 8 millones de pesetas. Palabras mayores, porque se rodó en 2001 en La Palma, un disparate traer todo aquí porque era carísimo. Resultó, sin embargo, una gran experiencia. El corto se llama *La Tierra desde la Luna*. Circuló por varios festivales y logró algunos premios.

En ese momento no podía vivir del cine aún, pero fue mi puesta de largo y seguía haciendo talleres y algunos documentales. En 2004 fue cuando creé Lunática producciones.

–¿CREE QUE POR EL HECHO DE SER MUJER LO HA TENIDO MÁS DIFÍCIL?

–Al principio me decían «pero esta chica de La Palma adónde va». No me tenían en cuenta. Sí, he notado que todo me costaba más. A un hombre lo tenían más en cuenta. Solo veían que era una chica. Además he dejado de hacer cosas para cuidar a mis hijos y a mi madre. No tenía otra manera. Las circunstancias eran las que eran. Otras mujeres no madres no tienen esta realidad y lo compaginan un poco mejor. Ahora ha cambiado. Estoy en la Asociación de Mujeres Cineastas y siento que hay ese respaldo. A partir del Covid, por ejemplo, se hicieron charlas *online* a las que no habría podido asistir, ya que no podía salir de La Palma. Hubo momentos en que ni siquiera pude salir de mi casa. Toda la lucha está genial, pero yo la he hecho sola. Intento que ese cansancio no me contagie demasiado. Y sí, creo que hay mucho por hacer para que a las mujeres no nos cueste tanto.

–¿HASTA QUÉ PUNTO APROVECHA EL PAISAJE EN SUS PELÍCULAS?

–Mi cine no se entiende sin esta isla. No es el fondo, sino la cadencia, la naturaleza y las zonas urbanas de Santa Cruz de La Palma. Esa belleza está siempre presente. Por otro lado, todo el cine que hago tiene que tener luz. He caminado hacia la luz porque a nivel personal también lo he hecho. He buscado contar lo dura que es la vida pero intento quedarme con lo bueno.

–¿APRECIA CONSTANTES EN SU CINE?

–Sí, el amor, el tiempo, la esperanza, los miedos, enfrentarnos a ellos. Son temas presentes en mis trabajos.

–¿INTUITIVA O REFLEXIVA?

–Para elegir a los actores mi intuición me guía. Pero tengo un proceso muy reflexivo cuando escribo, que creo que es necesario en la creación. Pero soy muy intuitiva.

–Y QUÉ ES PRIORITARIO PARA USTED, ¿LA HISTORIA O LA FORMA EN CÓMO CUENTA CON IMÁGENES LA HISTORIA?

–Le doy más importancia a la historia. La imagen tiene que estar al servicio de la historia.

–¿Algún nuevo trabajo a la vista?

–Ahora empezamos el proceso de montaje pero también a tomar decisiones importantes en la película. Me gustaría que estuviese terminada para septiembre del 2024. Haremos un recorrido por festivales y luego pensaremos en el estreno. Mi casa es un personaje pero en la película hay elementos muy potentes como el volcán, que aparece a través de una ventana. La película va a contar diez años de nuestra vida, y han pasado muchas cosas, incluido el volcán.

A mi hijo se le diagnosticó a los ocho años el síndrome de Canvas, que es un trastorno pediátrico neuropsiquitiátrico autoinmune asociado a estreptococo. Esto hizo que no pudiera asistir al colegio y que viva más tiempo en casa. En el 2017, con 11 años, tuvo una crisis muy extrema y estuvo encerrado en una habitación con unos cascos para no oír ninguna voz del exterior ni ruidos. Y si los oía gritaba. Estaba horas en la ducha, restregándose continuamente. Yo grabo momentos de la vida de él para mostrárselo al psiquiatra y cuando me doy cuenta tengo un montón de material excepcional y decido montar esta historia. Mi hijo dijo que sí, y empiezo con el proyecto. Mi idea era sacar el proyecto antes, pero vino el Covid y nos paramos todos. Fue un momento de «¿qué hago?» Luego surgió el volcán... No me daba tiempo. La película es un trozo de mi familia, una madre directora que ve a sus hijos y se ve a sí misma.

Tengo un corto que se llama *Autobiografía* en el que estoy yo y mis hijos, que está en la misma línea, algo íntimo, la vida dentro de casa. Siento que en Canarias estamos unidos y me gusta. Me siento muy canaria. Creo que hay diferencias a la hora de rodar, pero ahora es mucho más fácil rodar en La Palma.

–¿Sería capaz de diagnosticar el sector del cine en Canarias?

–Siempre veo las cosas positivas y creo que se ha avanzado mucho. Hay una política de subvenciones y un tejido que apoya la creación, a los que llevamos mucho tiempo y a los nuevos. Si alguien quiere empezar a crear tiene que saber dónde ir a preguntar.

–¿QUÉ MEJORARÍA DE LAS POLÍTICAS PÚBLICAS DE APOYO AL CINE QUE EXISTEN EN LAS ISLAS?

–Siempre hay que mejorar pero es una pregunta para reflexionar. Creo que la creación de una escuela de cine estaría bien porque apuesto, en mi caso, por la formación. Es una pata que falta.

–¿Y ANTE QUÉ PROBLEMAS SE ENCUENTRA EL CINEASTA CANARIO CUANDO RUEDA EN SU TIERRA?

–Las cosas se están consiguiendo, pero todo lleva muchísimo trabajo detrás. No quiero pensar qué problemas hay. Solo en qué hay que hacer y si tengo que hacerlo lo hago. Si tengo que caminar cien metros más lo hago.

–¿PIENSA QUE LOS FESTIVALES DE CINE QUE SE CELEBRAN EN CANARIAS APOYAN EL CINE LOCAL?

–En mi caso me he sentido siempre apoyada por los festivales canarios. De hecho, creo que los festivales apoyan mucho al cine canario.

–¿Y HASTA QUÉ PUNTO ES BENEFICIOSO EL RODAJE DE PELÍCULAS NACIONALES Y EXTRANJERAS EN CANARIAS?

–Sobre todo es bueno para el sector servicios, es una puerta a tener rodajes continuos y que la industria sea rentable. Se siguen trayendo rodajes del exterior y se facilitan los rodajes a la gente de aquí. Se está haciendo bien porque desde el exterior ya nos reconocen. Mucha más gente dice voy a rodar aquí, no pasa nada. En la plaza de España, en la calle Real... Antes los productores declinaban rodar aquí porque era muy caro venir a Canarias pero ahora hay de todo, comenzando por los equipos. Se puede conseguir lo que uno quiera.

–¿FICCIÓN O DOCUMENTAL?

–Empecé a hacer cine por la ficción. Me encanta trabajar con actores. Pero he encontrado en los documentales algo que necesitaba sin saberlo, que es ver la ficción con otros ojos. La vida se aprende en los documentales. Ha sido un descubrimiento. Estoy trabajando un proyecto que se llama *Adalid* y que tiene que ver con lo que he vivido recientemente. Es la historia de una mujer que no está a gusto con su vida y que el volcán la saca de su casa y tiene que tomar decisiones. Tiene que ver con lo que he vivido. Esta película no va del volcán y la lava, sino de lo que pasaba dentro de casa. Teníamos el miedo de no saber si se iba a caer o no el lugar donde vivíamos. La película se ha convertido en una gran constelación en la que voy colocando cosas de mi vida, y se ha convertido en algo muy sanador. El final de la película quiero rodarlo cuando sea el momento. Será una secuencia sanadora y de liberación. Quiero contarla desde la verdad.

FILMOGRAFÍA

Mercedes Afonso es guionista, directora y productora de cine. Licenciada en Geografía e Historia en la especialidad de Historia del Arte por la Universidad de La Laguna en 1996 y Diplomada en Dirección cinematográfica y Guion de cine y Televisión en la Escuela de Cine y Televisión Séptima Ars de Madrid. En el año 2004 crea su propia productora Lunática Producciones Audiovisuales y cuatro años después es una de las creadoras de La escuela encantada: escuela canaria de cine, arte y creación. Dentro de su filmografía destacan trabajos como *La tierra desde la luna* (2001), *El amor se mueve* (2008), *Madres bajo la piel* (2012), *La vida en las manos* (2012), *Autobiografía* (2014), *Iyena* (2015) y *Tanat* (2019), entre otros.

«EL FUTURO DEL CINE CANARIO
LO VEO AZUL OSCURO CASI NEGRO»

JAVIER FERNÁNDEZ CALDAS

En los años '90, el estreno de *El último latido* fue algo así como un revulsivo para lo que entonces era solo el embrión de una nueva generación de cineastas canarios. Javier Fernández Caldas pertenece a este grupo que, solo ante el peligro, apostó por el cine en unos tiempos donde realmente estaban solos ante el peligro. Fogueado tras estudiar Imagen y Sonido en la facultad de Ciencias de la Información de la Universidad Complutense de Madrid y trabajar unos años bajo las órdenes del productor Elías Querejeta, Fernández Caldas estrenó *El último latido* en una sala de los multicines Price de la capital tinerfeña, sala que estaba repleta de espectadores y que pese a su corta duración supo conectar con el público, que terminó por ovacionar lo que había visto en pantalla. Tras *El último latido*, un filme que explota en blanco y negro el paisaje de la isla y la buena cosecha de premios que recogió en los festivales donde fue a concurso, el cineasta rodó en un plano secuencia y también en blanco y negro *Frágil* y explotó el paisaje tinerfeño como un personaje más en películas como *La criada* y *La isla del infierno*.

–¿Recuerda cuándo comienza su interés por el cine?

–Con tres años de edad vi *Mary Poppins* en el cine Capitol de Madrid. Creo que fue la primera vez que entraba en una sala de cine. Me llevaron mi madre y mi abuela Matilde. Recuerdo con fascinación cuando Mary Poppins, Dick Van Dyke y los niños se metían en los dibujos que había pintados en el suelo del parque, y cantaban y bailaban el «Supercalifragilisticoespialidoso». Recuerdo que tras la lluvia, ya no podían volver a entrar en los dibujos y esto me horrorizaba, casi tanto como el momento en que mi madre y mi abuela decidieron salir de la sala antes de que acabara la película. Mientras yo berreaba mi madre y mi abuela tiraban de mí. Yo no entendía que pasaba y por qué nos íbamos antes del final, pero había algo para ellas más importante que el final de *Mary Poppins*, y era el horario de Galerías Preciados. La película que me rompió la cabeza y me hizo pensar en el oficio del cine como algo real y luego me predispuso a estudiar cine en Madrid fue *La Naranja Mecánica*. Tenía 11 años, y como era alto y flaco, ponía cara de serio y me colaba en las películas para mayores de 18 años. Esto fue en el cine Numancia en Santa Cruz. Nunca había visto nada parecido, aquellos drugos, con las hueveras y bombines, la leche vitaminada, la sádica mirada de Alex, el protagonista, el gran Malcolm McDowel, y la banda sonora de Beethoven y Walter Carlos (conservo el vinilo con la banda sonora original) fue como una sacudida para mi cerebrito de 11 años marcando un antes y un después. Ese día me di cuenta de que el cine era lo más grande. Me pasaba el día contándoles a los amigos en el colegio escenas de la película y chuleándome de haberla visto. Stanley Kubrick despertó mi interés por el cine y luego, los ciclos de Alfred Hitchcock en televisión española y ver *La cabina*, de Antonio Mercero, que hizo que una generación amásemos el cine y sobre todo los cortos. Así que un día me enteré que todo eso se podía estudiar y me fui a Madrid.

–¿Cómo refleja las islas en sus películas?

–En mis cortos, *El último latido* y *La criada*, repito escenario, en San Juanito en la Punta del Hidalgo, mi lugar favorito de Tenerife. *La isla del infierno* se rodó en 40 localizaciones naturales (Las Gaviotas, La Tejita, Las Arenas, Valle de Ucanca, Igueste de San Andrés, etc...) y las partes de barcos, en Agaete, las Palmas. El escenario natural canario, salvaje y volcánico, es un personaje más de la historia.

–¿Un personaje más de la historia?

–Sí, el paisaje como un personaje más de la historia. Armando Ravelo hace películas históricas pero para hacer eso bien hace falta mucho dinero. Mi director favorito de la generación que nos sigue es David Pantaleón. Hace un cine muy original sin quitar la mirada de una realidad canaria cruda, verdadera, costumbrista pero sin empalague folclórico, tan solo alterada por su original mirada, limpia, sin prejuicios, libre.

–¿Cree que Canarias es un archipiélago con señas de identidad comunes?

–Sí y no. Indudablemente tenemos una idiosincrasia, un acento como el anuncio de Lola Flores, una situación geográfica estratégica, entre Europa y América, que nos da una personalidad, pero creo que los directores canarios no formamos parte de un universo común que refleje un movimiento, ni una generación ni nada, sino más bien somos como francotiradores, que vamos por libre, tratando de sacar nuestros proyectos adelante dentro de una industria casi inexistente.

–¿Qué mejoraría de las políticas públicas de apoyo al cine?

–Cuando yo empecé no había ningún tipo de ayudas periódicas. Ahora las hay y ha mejorado mucho, pero lo que no se está aprovechando es lo de los incentivos para la producción en las islas. Se les está dando un montón de millones a las producciones americanas a cambio de contratar a gente muy poco cualificada de las islas y de esa manera convertir en pelis canarias a superproducciones de Hollywood como *Last Blood* de Silvester Stallone. Ahora resulta que *Last Blood* es una película canaria como *Mararía* o *Guarapo*. Vamos a ver, a mí me gusta mucho que Matt Damon se saque una foto con la camiseta del Tenerife, pero que se lleven cinco o seis millones de euros por contratar a *runners* y auxiliares... Las producciones que vienen a rodar aquí se traen a todo el equipo.

–¿CUÁLES CREE QUE SON LOS PROBLEMAS A LOS QUE SE ENFRENTA EL CINEASTA CANARIO?

–El cine es muy parecido al fútbol, nos faltan estrellas para llenar los cines y los estadios. Con estrellas los niños quieren ir al estadio a verlas y a comprar sus camisetas. Las estrellas son muy caras, ¿entonces? O se crea una cantera como el Atlético de Bilbao, o se compran como el Real Madrid, pero aquí no tenemos tanto dinero, ahora con las producciones de fuera podríamos tenerlo, pero no se han establecido para que esto ocurra, una pena. El futuro del cine canario lo veo azul oscuro casi negro.

–¿QUÉ ESTRATEGIAS PIENSA QUE SON NECESARIAS PARA GENERAR UN MAYOR INTERÉS EN EL CINE CANARIO?

–Bajar el mínimo para incentivos a medio millón de euros para producciones canarias, y cobrarles un impuesto a las pelis de fuera que se rueden aquí que vaya a un fondo para autores canarios de verdad. Solo con eso mejoraría todo mucho; lo que están haciendo ahora es darles un montón de dinero a gente que tiene un montón de dinero a cambio de contratar a *runners* y auxiliares canarios.

-¿QUÉ ASUNTOS LE PREOCUPA MOSTRAR EN SUS PELÍCULAS?

-La búsqueda de la espiritualidad a través del onanismo. No tengo ni idea de por qué hago lo que hago, para eso estáis vosotros.

-¿INTUITIVO?

-Considero que todo en el arte es intuición y olfato para escarbar entre las musas.

-¿TRATAN BIEN LOS FESTIVALES QUE SE CELEBRAN EN LAS IS-LAS AL CINE CANARIO?

-El Festival de Cine Isla Calavera me parece muy interesante lo que hace, dentro del fantástico, integra cortos canarios con directores invitados como John Landis o Joe Dante. Estuve con Joe Dante y vi una película mítica del fantaterror como *Pánico en el Transiberiano* en presencia de la fallecida actriz Silvia Tortosa. Es un festival joven que está muy bien. Ha contribuido a dinamizar a muy pocas empresas y, como te explicaba antes, la culpa es que los políticos no hicieron la tarea antes, en 2008, cuando empieza lo de los incentivos con *Furia de titanes*, para aprovechar los cientos de rodajes que se llevan a cabo en la isla de Tenerife al año y que nos hubiera permitido tener una industria sólida, y que ahora no tenemos.

FILMOGRAFÍA

CORTOMETRAJES:

Luna de miel (1987).
El último latido (1993).
Frágil (1994).
El aroma del café (2004).
La criada (2013).
La geometría de los sueños (2014)

LARGOMETRAJES:

El plátano en Canarias (1992).
Guayota (1997).
La isla del infierno (1998).
Carmelina Barbieri (1999).
El agua (2006).
La desalación (2007).
Paisajes del agua (2008).
Mélies, el mago que inventó el cine (2009).

«NO PUEDO BUSCAR EMOCIONES CON LA INMEDIATEZ QUE SÍ PUEDO EN UN LIBRO»

JENNIFER CASTANEDA

Es interesante comprobar cómo la isla de El Hierro es uno de los grandes protagonistas del primer largometraje de Jennifer Castañeda, *Gleich*, una película que adapta la segunda novela de esta escritora y cineasta. Castañeda prepara ahora un documental sobre la viticultura en Canarias, que espera estrenar a finales del 2024 y trabaja en dos proyectos muy ambiciosos que marcan la trayectoria de una artista multifacética que sintió la llamada del cine tras ver un *book trailer*. De momento, explica, prepara la adaptación de la novela de un autor de Lanzarote «y hasta ahí puedo decir», comenta; así como la adaptación para el cine de su primera novela *Por una cabeza*. Jennifer Castañeda es autora de las novelas *Por una cabeza* (2012) y *El sendero bimbache* (2015). En 2016 funda Nostrana Films, productora de cine con sede en Canarias.

–¿Recuerda cuándo se despertó en usted el interés por dedicarse al cine?

–En realidad vengo de una profesión que no tiene que ver con el cine, como son las ciencias ambientales. Mientras me formaba, escribía, pero escribía novelas y cuando se publica la primera coincide que comienzo a trabajar en una consultora medioambiental y la editorial me pide rodar un *book trailer* para difundir el libro en redes y promocionarlo. Acepté la idea y fui al rodaje donde además de ver cómo se adaptaba un texto literario al lenguaje audiovisual veo como se rueda y me interesa todo aquello, así que comienzo a formarme con veintitantos en el mundo audiovisual y diez años más tarde me dedicó casi de forma exclusiva a la producción cinematográfica.

–Gleich es su primer largometraje.

–Es mi primer largometraje pero no mi primera novela. Mi primera novela es *Por una cabeza* que es una historia que se desarrolla entre Canarias y Argentina. Mi primer largo adapta mi segundo libro, *El sendero bimbache*, que se trata de una historia más local y sencilla para poderla armar desde las islas al considerar las limitaciones de una ópera prima.

–En su cine, ¿qué relación mantiene con el paisaje?

–Muchísima. En *Gleich*, la isla de El Hierro es un protagonista más si no el protagonista por encima de todos los demás pero no solo el paisaje sino la idiosincrasia herreña, que está presente en el 60 por ciento de los planos. Cuando no es a través de la fotografía es a través de las costumbres que le transmite Manuel (José Luis de Madariaga) a Kellen (Sergio Hernández).

–¿Y cómo lo muestra?

–A través de la fotografía. El primer plano de *Gleich* es el de un avión aterrizando en el aeropuerto de El Hierro, un filme que juega bastante en recrear el territorio y sobre todo en mostrar escenas entre el niño y el anciano en la que el anciano, Manuel, le habla de cómo es su vida en el campo y en una isla tan pequeña como es la de El Hierro. Hay escenas de pastoreo, otras en la que le enseña a Sergio cómo se hace un queso y le muestra lo que es su mundo, la ruralidad en Canarias.

–¿CREE QUE EL PAISAJE CONDICIONA A LOS CANARIOS?

–Creo que sí aunque depende del propio canario. Te condiciona porque tienes esa fotografía metida en tu psique, en tu forma de interpretar y de ver el mundo. El paisaje de las islas es de una variedad extraordinaria y con él se puede hacer muchas cosas.

–¿SOMOS UN ARCHIPIÉLAGO CON UNA IDENTIDAD COMÚN?

–Pienso que tenemos una identidad común pero cada isla tiene sus propias particularidades. Esta película se habría podido rodar en Fuerteventura pero habría sido otra película. La cultura que cuenta esta película habría sido otra en otra isla.

–¿CÓMO FUE EL PROCESO DE ADAPTAR SU PROPIA NOVELA?

–Fue complejo pero ha sido un aprendizaje sobre lo que es adaptar una novela. Para la película he creado una subtrama de un triángulo amoroso que en la novela no existe aunque la parte complicada, que para mi es una escuela, fue el hecho de que ya lo sabes cuando estudias guion porque literatura y cine no se escriben en el mismo idioma hasta que no haces la primera película no te das cuenta de lo cierto que es eso. No puedo buscar emociones con la inmediatez que sí puedo en un libro. En *Gleich* necesitábamos tantas emociones que la comunicación de las emociones estaba para reforzar y que alcanzara una mayor trascendencia.

–¿POR QUÉ INSISTE EN ADAPTARSE A SÍ MISMA?

–Estoy en estos momentos trabajando un guion que no es el de mi próxima película, sino que vamos a producir desde Nostrama. Se trata de una novela de un escritor de Lanzarote que ahora se encuentra en la primera versión de un guion cuya adaptación pasará a otro guionista. Se trata de un largometraje que no voy a dirigir.

–HITCHCOCK DECÍA QUE NO HABÍA QUE RODAR NI CON NIÑOS NI CON ANIMALES. USTED HA HECHO TODO LO CONTRARIO EN SU PRIMER LARGOMETRAJE.

–Me lancé al vacío con mi primer largometraje, en el que además me atreví a intentar adaptar una novela mía prácticamente en solitario y encima tuve la osadía de dirigirla y rodarla con un presupuesto muy paupérrimo. Y sí, trabajé con niños y con animales, pero Sergio Hernández lo puso muy fácil aunque no deje de ser un niño y tenga sus ritmos pero es el 80 por ciento de la película, así que fue como rizar bastante el rizo.

–¿COMO CINEASTA ES MÁS INTUITIVA O REFLEXIVA?

–Soy reflexiva pero por un binomio malo y bueno a la vez, que es ser creativa y también la productora del proyecto.

–¿HAY CONSTANTES EN SU CINE?

–Soy escritora de dramas pero tuve la suerte de trabajar en un programa de comedia en la Televisión Canarias que me enseñó sobre todo a trabajar la psicología de los personajes pero salvando esa experiencia, que duró tres años, lo que escribo tanto en cine como en literatura es drama. Me gustan mucho las historias que miran al pasado, juego mucho con el pasado/presente y también que haya personajes con alguna fragilidad.

–¿SE PREOCUPA MÁS POR LA HISTORIA O POR CÓMO VA A VISUALIZAR ESA MISMA HISTORIA?

–Cuando escribes lo primero que quieres es contar una historia concreta que se materialice y llegue a los lectores. El papel aguanta lo que le eches pero llegar a la pantalla es un trabajo diferente a escribir. Cuando diriges piensa en cómo hacer que esa historia escrita en papel se convierta en imágenes, y es un trabajo muy diferente al de escribir.

–PERO, ¿SE PREOCUPA MÁS POR EL TRABAJO DE LOS ACTORES O EL TÉCNICO?

–En líneas generales me gusta más el trabajo con actores.

–¿ESTABLECERÍA UN DIAGNÓSTICO DEL SECTOR EN CANARIAS?

–Ha crecido pero el crecimiento se ve diferente si estás fuera como sí estás dentro del sector, y si estás dentro de una forma u otra. Desde fuera parece que el cine canario tiene un *boom* bestial pero muchas son producciones que vienen de fuera a rodarse aquí que dejan mucho empleo y hace industria pero a nivel creativo, de contar historias, el talento canario no llega a esas producciones. Somos un plató de cine que nos viene de miedo, por temas fiscales y de visibilidad, y de generar una industria paralela a la del turismo y gente que se forma en audiovisual pero eso no es cine canario sino cine extranjero y nacional que viene a rodar en Canarias. Dentro del cine canario, el que firman autores de aquí, cuenta también con dos realidades: la de los consagrados, que llevan una trayectoria y los que intentamos entrar, de tener posibilidad de acción y esta parte es muy difícil porque está acorazada la posibilidad de conseguir financiación en Canarias, financiación real que te permita hacer una película en condiciones. Hay muchas líneas de ayudas pero a día de hoy o son insuficientes o las que existen son prohibitivas para acceder porque están muy blindadas.

–¿QUÉ MEJORARÍA DE LAS POLÍTICAS PÚBLICAS DE APOYO AL CINE EN CANARIAS?

–No soy política y no manejo presupuestos pero me gustaría que se duplicara la partida de dinero para hacer el doble de producciones pero no sé si es viable. De la misma forma que existe un incentivo fiscal que se devuelve a las producciones que vienen de fuera que redunde ese incentivo en términos económicos en la industria local pero no sé cómo se puede hacer. Debería equipararse el beneficio que se genera a la apuesta que se hace al producto local.

–¿Y ANTE QUÉ PROBLEMAS SE ENCUENTRA CUANDO RUEDA EN CANARIAS?

–Hay cuestiones climáticas en el rodaje que no controlas pero pasa aquí como en todas partes. A nivel de localizaciones estamos sobrados y de equipo técnico humano y material a día de hoy hay de todo. El problema es que ese tipo de materiales está para las producciones internacionales que puedan pagarlo, está más pensado para producciones grandes y publicidades. El problema para mi es más económico, de financiación. Si la tienes no hay problemas.

–¿Y QUÉ ESTRATEGIAS PLANTEARÍA PARA MEJORAR LA SITUACIÓN?

–Nadie es profeta en su tierra. Es una realidad que el cine en Canarias es latente. Hay un enorme esfuerzo por parte de los autores de promocionar sus obras y aunque tengas ayudas públicas los organismos no difunden mucho el trabajo para que el público se interese. La prensa en la que aparezco viene por la distribuidora en la que trabajo.

–¿Y CÓMO CREE QUE TRATAN LOS FESTIVALES DE CINE QUE SE CELEBRAN EN CANARIAS AL CINE QUE SE HACE EN LAS ISLAS?

–Depende del festival, hay algunos que nos tratan muy bien y otros en los que, personalmente, me he llevado una sorpresa.

Pensé que iban a escoger mejor las películas canarias y la verdad es que no. Pero depende, como digo hay festivales que nos tratan muy bien pero hay otros que miran sencillamente para fuera.

–¿Y CÓMO PIENSA QUE HAN CONTRIBUIDO A DINAMIZAR EL SECTOR LOS RODAJES NACIONALES Y EXTRANJEROS QUE SE HACEN EN CANARIAS?

–Todo gira siempre en torno al dinero, lo que ha permitido un tejido empresarial y un crecimiento directo e indirecto. Se cuenta en la actualidad y en las islas con empresas de *catering* solo para rodajes lo que era imposible hace solo 10 años. Hay naves de *atrezzo*, toda esa industria que se crea de forma paralela viene por estas grandes producciones.

FILMOGRAFÍA

CORTOMETRAJES:
Las leyes físicas del amor (2013).
El día Q (2014).
Quien lo probó (2015).
El anillo del Rey (2018).
Adiós, amigo (2019).

LARGOMETRAJES:
Gleich (2022).

«SIEMPRE HE PENSADO QUE LA INSULARIDAD PROVOCA INTERPRETACIONES MUY SINGULARES DE LA REALIDAD»

LUCAS FERNÁNDEZ

La actividad cinematográfica de Lucas Fernández está centrada en el proceso de guion como de producción de películas más que en la dirección aunque cuenta con un título, *Óscar, una pasión surrealista*, en el que abordó la vida del pintor surrealista tinerfeño Óscar Domínguez, personaje que explora con sus luces y sombras, ya que se trata de un artista que reflejó su agitada vida en una serie de cuadros en los que muestra las contradicciones de una existencia y de un archipiélago que él convirtió en dragos milenarios en una serie de cuadros que gustan o disgustan pero que no dejan indiferente a nadie. En el filme de Fernández, el actor portugués Joaquim de Almeida fue el encargado de interpretar a Domínguez, el más surrealista de los surrealistas que reunió la ya legendaria publicación tinerfeña *Gaceta de Arte*.

–¿CUÁNDO SE DESPIERTA EN USTED SU AFICIÓN POR EL CINE?

–Desde que disfruté de las primeras proyecciones en pantalla gigante en el cine. Aún recuerdo el impacto que me produjo *Marco Antonio y Cleopatra* cuando la vi con diez años. Más tarde llegó mi primera cámara toma-vistas y el descubrimiento de Fellini con *Ocho y Medio*. Creo que fue esa película la que me iluminó hasta conseguir estudiar cine en Nueva York.

–¿CÓMO REFLEJA LAS ISLAS EN SU PELÍCULA? ¿CUÁL ES SU RELACIÓN CON EL PAISAJE? ¿QUÉ IMPORTANCIA LE DA?

–He trabajado en la producción de muchas películas, donde el entorno y las localizaciones ya están muy predeterminadas. Pero en mi faceta de director, en *Oscar, una pasión surrealista* el entorno físico que envolvió las dos historias que articulaban la película fue un elemento esencial e irrenunciable. Lograr fotografiar el París de los años '30 y '40 exigió recrear plazas, calles y edificios en el corazón de Praga. En Tenerife intenté integrar una naturaleza desbordante e impactante que nos rodea de forma silenciosa, y que a día de hoy muchos canarios me siguen preguntando como llegar a esas localizaciones. Pretendí en todo momento huir de estampas tópicas. En Madrid y Bulgaria apliqué la misma máxima. La fotografía es el lienzo de la obra y el entorno de cada secuencia es fundamental para contar lo que pretendes.

–¿QUÉ ELEMENTOS DESTACARÍA DE ESTA REPRESENTACIÓN?

–Naturaleza salvaje e inédita en la medida de lo posible, donde casi no aparezcan elementos derivados de la intervención de sus pobladores.

–¿CÓMO DEFINIRÍA EL CINE QUE HACEN CINEASTAS DE LAS ISLAS SOBRE SU PROPIA REALIDAD INSULAR?

–Siempre he pensado que la insularidad, en cualquier lugar del planeta, provoca interpretaciones muy singulares de la realidad en toda expresión artística. En cine, creo que ninguno de los canarios que hemos tenido la suerte de llevar una historia a la gran pantalla hemos podido escapar de ese condicionante amistoso o asfixiante, según se interprete, que significa para todos los isleños tener al océano como frontera física y visual.

–¿CREE QUE SOMOS UN ARCHIPIÉLAGO CON SEÑAS DE IDENTIDAD COMUNES?

–Totalmente. Nos unen muchísimas más características y rasgos identitarios que los que nos separan. El creador isleño, en su ADN artístico alberga singularidades que en el continente no son tan fáciles de encontrar. Nuestra idiosincrasia, como la propia isla, es más hermética, pero también más rica en percepciones.

–ESTABLEZCA UN DIAGNÓSTICO DEL SECTOR CINEMATOGRÁFICO Y DE LA CREACIÓN CINEMATOGRÁFICA EN CANARIAS.

–Mi impresión es que, en los últimos años, afortunadamente se han multiplicado los exponentes del talento que produce nuestro archipiélago. Otra cosa es que esa desbordante creatividad, arropada por una tecnología cada día más asequible, no tiene fácil salida con el perfil actual de la industria audiovisual. Hay pocas opciones de llegar con productos *amateur* al mundo de las plataformas de pago, o incluso a la rampa de salida para rodar un primer largometraje. Ni siquiera para los colectivos más profesionalizados resulta fácil, aunque se nos vende que hay mucho mercado y que hay que alimentar con producción propia a no sé cuántas plataformas y cadenas de televisión. En síntesis, creo que es inversamente proporcional la generación del talento que produce esta tierra, con la circulación profesional de su obra, y esto sin duda genera mucha frustración.

–¿QUÉ MEJORARÍA DE LAS POLÍTICAS PÚBLICAS DE APOYO AL CINE?

–Precisamente lo relativo a este último aspecto que he citado: La opción de facilitar que las creaciones de autores canarios puedan encontrar salida para su exhibición o distribución nacional e internacional.

–¿CUÁLES SON LOS PROBLEMAS MÁS GRAVES ANTE LOS QUE SE ENCUENTRA EL CINEASTA CANARIO Y/O RESIDENTE EN LAS ISLAS?

–El primero, es obvio desde mi punto de vista: La insularidad. Nuestra realidad geográfica nos limita en muchos sentidos. Casi siempre se crea condicionado a entornos realistas y viables en nuestra realidad. Incluso arrancar proyectos interinsulares presenta una gran dificultad. Otra cosa que no podemos obviar es que todos los centros neurálgicos de toma de decisiones se encuentra en Madrid u otras importantes capitales europeas. Armar un gran proyecto hoy día, requiere una infraestructura importante y tener bien asentada una pata profesional en alguna capital de Europa.

–¿QUÉ ESTRATEGIAS SON POSIBLES PARA GENERAR UN MAYOR INTERÉS EN EL CINE QUE SE HACE EN LAS ISLAS?

–Implicar más en este ejercicio a la Televisión Pública de Canarias, por ejemplo. Llevar a los jóvenes al cine, igual que se visita un museo o se realizan excursiones. Y por qué no, llevar el cine a las aulas.

–¿QUÉ TEMAS, QUÉ PREOCUPACIONES, TRATA EN SU CINE?

–En mi faceta de productor, sinceramente este campo viene condicionado por el género y la comercialización de la obra. Aquí el margen de maniobra es mínimo, porque estamos sujetos a lo que interesa o no, especialmente a las plataformas de contenidos. En mi trabajo como guionista y director, me interesan las historias humanas singulares. Me siento cómodo en la narrativa relacionada con las emociones y la vida interior de las personas. No me veo haciendo comedia.

–¿SE CONSIDERA UN CINEASTA INTUITIVO O REFLEXIVO?

–A mi juicio ambas características son compatibles y casi siempre necesarias como binomio en todo proyecto.

–¿CÓMO TRATAN LOS FESTIVALES DE CINE QUE SE CELEBRAN EN CANARIAS EL CINE QUE SE HACE EN LAS ISLAS?

–La mayor parte del tiempo resido fuera de las Islas. Los pocos eventos que conozco, me consta que intentan dar el máximo protagonismo a lo que se produce en Canarias. Pero siendo realistas, nuestra cosecha anual no es muy prolífica. No es fácil producir de manera profesional para ganarse la vida.

–¿HAN CONTRIBUIDO A DINAMIZAR AL SECTOR LOS RODAJES NACIONALES Y EXTRANJEROS QUE SE RUEDAN EN EL ARCHIPIÉLAGO?

–Sin lugar a duda. Han ayudado a profesionalizar una industria que hace quince años no existía, y sobre todo para formar a jóvenes en oficios con futuro en el sector audiovisual, dentro y fuera de Canarias.

FILMOGRAFÍA

Lucas Fernández ha desarrollado su carrera profesional como periodista, productor, publicista, guionista y cineasta. Se formó como director de cine en la Universidad de Columbia (Nueva York). En España, ha trabajado para la Cadena SER y *El País*. Fundó y dirigió la Televisión Autonómica de Canarias en 1999. Ha desarrollado y producido diversas series de ficción para Univisión en Estados Unidos. En Miami desempeñó la vicepresidencia ejecutiva de la productora de contenidos Walley Global Productions.

En 2003 creó en la isla de Tenerife, su tierra natal, Plató del Atlántico Studios.

En 2008 firmó su primer largometraje como director y guionista −Oscar. *Una pasión surrealista*−, un *biopic* inspirado en la vida del célebre pintor Oscar Domínguez.

«ME INTERESAN LOS PERSONAJES ORDINARIOS SOMETIDOS A UNA SITUACIÓN EXTRAORDINARIA»

JUAN CARLOS FRESNADILLO

Tras el éxito de *Esposados* (1996) el primer cortometraje español candidato a un Oscar de Hollywood en esa categoría en 1997, y filme resultado de la unión de tres productoras canarias como Zodiac Films, La Mirada y Papi Producciones, el cine de Juan Carlos Fresnadillo es un atractivo mestizaje entre lo real y lo fantástico. Estas constantes se pueden apreciar en su primer largometraje, *Intacto*, rodado en Tenerife, en la que el cineasta tinerfeño también dio prioridad al paisaje de la isla, que convierte en un personaje más de la historia y que aprovecha también para sumergir al espectador en una aventura sobre lo trascendental que es tener buena o mala suerte en la vida. Después vino *28 semanas después*, que tiene uno de los mejores comienzos de película de terror de todos los tiempos, e *Intruders*. Su nuevo trabajo, para Netflix, se titula *Damsel*.

–¿CUÁNDO SE DESPIERTA EN USTED SU AFICIÓN POR EL CINE?

–Afición por ver películas tengo desde que era muy pequeño. Mi madre era una apasionada de las películas románticas del Hollywood clásico como *Lo que le viento se llevó* o *Esplendor en la hierba*. Creo que ella me contagió la pasión por el cine cuando veía el brillo de sus ojos al hablar de esas películas, de la pasión amorosa, siempre imposible, de sus protagonistas y heroínas. Siento que a través de mi madre se abrió la puerta a una realidad alternativa donde las emociones tenían carácter de romanticismo y aventura. Pero ya es en la adolescencia tardía, alrededor de los 16 años, cuando descubro a dos cineastas, Alfred Hitchcock y Luis Buñuel, los cuales perfilarían en mis gustos un interés más profundo y con un aroma ya a una vocación laboral.

En concreto fue Hitchcock el que despertó en mi la convicción de convertirme en cineasta, casi como un arrebato, después de ver una película suya titulada *Encadenados*; un *thriller* romántico que siempre ha sido una referencia y una inspiración a la hora de tramar historias Curiosamente esa misma noche que vi esa película conocí a un amigo, Eduardo García Rojas, que se convertiría en el primer encuentro con alguien que también sentía las ganas de contar historias para la gran pantalla.

–¿CÓMO REFLEJA LAS ISLAS EN SUS PELÍCULAS?

–No creo que haya un intento consciente de reflejar Canarias en las películas que hago. Yo creo que se da de forma orgánica, sin pretenderlo ni forzarlo. Tengo la impresión que los que hemos nacido en estas islas y desarrollado una vocación artística solemos tender a una mirada ensoñadora, melancólica y surreal, que sospecho que surge de la intensa energía telúrica de esta tierra volcánica, conformada en medio de un océano, el Atlántico, que es a la vez límite e inspiración, condena y aventura.

–¿QUÉ ELEMENTOS DESTACARÍA DE ESTA REPRESENTACIÓN?

–Es difícil tomar distancia y hablar de lo que has hecho pero creo que en mi caso, estas islas, con su orografía de volcanes, barrancos, bosques de alta montaña y su eterna frontera marina que te hace volar la imaginación a otros lugares y otras gentes, han modelado mi gusto hacia un tipo de fantasía aventurera y épica. Donde los protagonistas de mis historias tienen que transitar paisajes o escenarios desafiantes, convirtiéndose así en una suerte de pruebas iniciáticas, de retos extraños y singulares, casi oníricos, que se combinan a su vez con una narrativa más clásica, con un viaje del héroe o heroína más tradicional. Mi primera película, *Intacto*, es un buen ejemplo de ello.

–¿CÓMO DEFINIRÍA EL CINE QUE HACEN CINEASTAS DE LAS ISLAS SOBRE SU PROPIA REALIDAD INSULAR?

–No creo que haya una definición única o un marco común en los cineastas canarios. Nuestro carácter insular, configurado por su situación geográfica e histórica, se mueve entre el aislamiento y la fusión. Entre la independencia y el mestizaje. A mi entender cada cineasta de esta tierra refleja una personalidad única y ecléctica, marcada quizás de una forma más pronunciada por la relación e interacción con alguna de las influencias que configuran el «potaje» cultural de estas islas, una peculiar receta elaborada con los aromas de España/Europa, América y África.

–¿CREE QUE SOMOS UN ARCHIPIÉLAGO CON SEÑAS DE IDENTIDAD COMUNES?

–Sinceramente no lo creo. Soy seguidor del pensamiento de Domingo Pérez Minik cuando dice que «el canario está sometido a una igualdad física y espiritual: la que le confiere su coincidencia de vivir en unas islas». Más allá de eso no creo que exista una identidad común, tan sólo, como apuntaba antes, rasgos de una sensibilidad peculiar que deviene de nuestra propia insularidad.

–¿QUÉ DIAGNÓSTICO HACE DEL SECTOR CINEMATOGRÁFICO Y DE LA CREACIÓN CINEMATOGRÁFICA EN CANARIAS?

–Tengo un sabor agridulce al respecto. Por un lado, la nueva revisión de los incentivos fiscales para producciones rodadas en Canarias, con la supresión de los límites en las posibles cantidades compensatorias a percibir, ha convertido a Canarias en el lugar más atractivo para rodar en Europa. Algo muy positivo sin lugar a dudas y que será de gran beneficio para la industria audiovisual autóctona. Pero, por otro lado, la reciente denuncia del Diputado del Común[3], en relación a que el Proyecto de Ley de Presupuestos Generales de la Comunidad Autónoma de Canarias para 2024 incumple la Ley del Sistema Público de Cultura, hace presagiar un próximo año muy difícil para los creadores visuales y de toda índole en esta tierra.

–¿QUÉ MEJORARÍA DE LAS POLÍTICAS PÚBLICAS DE APOYO AL CINE?

–Al hilo de lo anterior creo que, en grandes rasgos, las instituciones públicas deberían facilitar y apoyar con mayor compromiso los proyectos audiovisuales de carácter más independiente, aquellos que tienen más vocación de cultura que de industria. Son los creadores con una mayor fragilidad estructural y los que

---

[3] El ex Diputado del Común, Rafael Yanes, denunció en noviembre de año pasado que el Proyecto de Ley de Presupuestos Generales de la Comunidad Autónoma de Canarias para 2024 «incumple» la Ley del Sistema Público de Cultura, por lo que considera que «debe ser corregido». Así lo manifestó tras reunirse con representantes de la Asociación de la Industria Musical Canaria (AIMCA), Clúster de las Artes Visuales de Canarias (CLAC), Asociación Islas Canarias de Artes Visuales (AICAV), Asociación de Empresas de Teatro de Canarias (REPLICA), Asociación de Artistas del Movimiento de Danza de Canarias (PIEDEBASE), Instituto de Arte Contemporáneo (IAC-Canarias), Unión de Actores de Canarias (UAC), Asociación Canaria de Profesionales de la Gestión Cultural (ACPGC) y Clúster Canario de la Música (CCM).

quizás pueden aportar más «aire fresco» al arte audiovisual de las islas.

–¿CUÁLES SON LOS PROBLEMAS MÁS GRAVES ANTE LOS QUE SE ENCUENTRA EL CINEASTA CANARIO Y/O RESIDENTE EN LAS ISLAS?

–Hace muchos años que no trabajo aquí, así que no puedo ser objetivo a la hora de valorar dichas dificultades en la actualidad. Desde lo que escucho y percibo en los colegas de profesión que viven en las islas intuyo que, para los creadores insulares, sobre todo los más independientes, no es fácil acceder a los medios necesarios que permiten la puesta en pie de un proyecto audiovisual; el cine es un arte muy costoso que demanda una estructura industrial y de financiación compleja. El acceso a dichos medios no es fácil sin ayudas institucionales regulares y comprometidas con la protección de la cultura de las minorías.

¿QUÉ ESTRATEGIAS SON POSIBLES PARA GENERAR UN MAYOR INTERÉS EN EL CINE QUE SE HACE EN LAS ISLAS?

–Creo que desde la administración y las instituciones se pueden establecer estrategias para apoyar el sector audiovisual local, pero sin ninguna duda siento que es misión exclusiva de los propios creadores generar contenidos que acerquen al público a las historias que se cuenten desde *aquí*.

–¿QUÉ TEMAS, QUÉ PREOCUPACIONES, TRATA EN SU CINE?

–Me interesan los personajes «ordinarios» sometidos a una situación «extraordinaria». Donde lo sobrenatural o la fantasía están presentes de alguna manera y dónde la aventura se dibuja como una línea narrativa. Y especialmente me interesa la familia, o lo familiar, como escenario emocional de partida. Es algo casi común en todas las historias y películas que tramo. Me interesan mucho las dinámicas familiares, tóxicas o amorosas, como dimensión de conflicto y crecimiento.

–¿SE CONSIDERA UN CINEASTA INTUITIVO O REFLEXIVO?

–En el punto de partida siempre es una intuición lo que surge, en forma de lo que yo llamo un «arrebato visual»: una suma de unas pocas imágenes es ese arrebato lo que literalmente me hace sentarme a escribir en una especie de exploración reflexiva que intenta no perder de vista lo sensorial y emocional para que, poco a poco, se descubra el contenido de una posible historia.

–¿CÓMO TRATAN LOS FESTIVALES DE CINE QUE SE CELEBRAN EN CANARIAS AL CINE QUE SE HACE EN LAS ISLAS?

–No tengo demasiada experiencia en los Festivales de cine que se hacen en Canarias. La que he tenido ha sido siempre muy positiva, con un apoyo decidido y muy generoso.

–¿HAN CONTRIBUIDO A DINAMIZAR AL SECTOR LOS RODAJES NACIONALES Y EXTRANJEROS QUE SE RUEDAN EN EL ARCHIPIÉLAGO?

–Estoy convencido que, como técnico o artista, no hay manera mejor de crecer que tener acceso a la posibilidad de trabajar en rodajes de producciones no locales. Es una manera muy eficaz de entrar en contacto con la industria de entretenimiento nacional y foránea para así desarrollar una actividad que pueda tener una permanencia estable en el tiempo y por tanto que no esté limitada exclusivamente a la cuantía limitada de los proyectos locales. Sin ninguna duda es una manera de enriquecer nuestro quehacer técnico y creativo y que nos conecta con la cultura más allá de nuestras fronteras.

FILMOGRAFÍA

CORTOMETRAJES:
Esposados (1996).

Psicotaxi (2002).
4x, corto (2019).

LARGOMETRAJES:

Intacto (2001).
28 semanas después (2007).
Intruders (2011).
Prototype, película para televisión (2016).
Falling waters, serie de televisión (2016).
Salvation, serie de televisión (2017).
Blanco, película para televisión (2020).
Damsel (2023).

«HACE FALTA MÁS IMPLICACIÓN DE LA TELEVISIÓN CANARIA»

José Víctor Fuentes

José Víctor Fuentes comenzó a interesarse por el cine a una edad relativamente tardía, a los 27 o 28 años, pero desde entonces no ha dejado de estar, un día sí y un día no, tanto detrás como delante de las cámaras en numerosas películas. Director del Festivalito, el Festival Internacional de Cine Chico de Canarias-Isla de La Palma, el último trabajo del cineasta es *Un volcán habitado*, que codirige junto a David Pantaleón y trabajo que ya ha cosechado varios premios. José Víctor Fuentes es director de largometrajes, entre los que destaca *La luz de Mafasca*, rodado en Fuerteventura.

–¿DESDE CUÁNDO QUISO HACER CINE?
–Fue algo bastante curioso, terminé la carrera de ADE y estaba un poco perdido y me fui por Europa con un amigo y al llegar a Tenerife y en un curso de iniciación al cine que impartía Rolando Díaz le pregunté si eso se estudiaba y me puse a estudiar cine. Estuve en Madrid y decidí marcharme a Nueva York

para lo que pedí un préstamo al banco que pagué durante siete años y allí, en Nueva York, rodé mis primeros cortos más serios mientras estudiaba en la escuela de cine. Fue algo sin querer, pero me di cuenta que esto es a lo que quería dedicar mi vida.

–¿CUÁNDO RUEDA SUS PRIMERAS PELÍCULAS?

–Las dos primeras las rodé en Nueva York. Me quedé flipado con la ciudad y el hecho de ser un desconocido. Era un inmigrante, un tipo sin raíces y como no conocía a nadie, intenté expresar ese sentimiento en esas películas. Después he rodado prácticamente todo en Canarias, contar lo que pasa a mi alrededor que filtro a través de mi imaginación y que llevo al terreno de la ficción. Me gusta contar lo que me pasa día a día.

–¿HASTA QUÉ PUNTO EL PAISAJE DE LAS ISLAS ES UN PERSONAJE EN SU CINE?

–Para mí el paisaje de las islas refleja un poco mi alma. Vivo a caballo entre Gran Canaria y La Palma. En Gran Canaria vivo un poco más en la ciudad, un paisaje urbano mientras que en La Palma me pierdo por las montañas y el campo. Trato de expresar lo que pienso a través de historias que expresen mis sentimientos. Mi gran película en formato grande, largometraje, la rodé sin embargo en Fuerteventura porque me pasó lo mismo que con Nueva York, es un sitio ajeno a mí, con paisajes áridos, rodamos parte en Cofete y en la península de Jandía y descubrí la leyenda de *La luz de Mafasca*. Volvemos a entroncar el paisaje y los sentimientos que llevamos dentro con nuestros miedos, ilusiones, aspiraciones y, a veces, me gusta pensar que estoy en un territorio desconocido y sentirme huérfano. Al final el largometraje no es más que los miedos que tenemos dentro. El miedo a la muerte y al más allá. La leyenda es una excusa para hablar de ese paisaje árido que es Fuerteventura con el paisaje árido que a veces tengo dentro de mi alma y que es el que trató de retratar Unamuno en uno de sus libros, *Paisajes de alma*. Mi cine lo que expresa es lo que uno lleva dentro ya sea en forma de miedo, sueño o de exaltación de la alegría. He contado mis miedos, esa parte que no se suele ver, pero soy una persona extrovertida, aunque en mis películas reflejen la parte introvertida, esa que no expreso todos los días y con la que a veces me gusta navegar en forma de película y si hay otras personas que sienten lo mismo que yo quizá se sientan identificados con lo que trato de expresar en las películas que no es otra cosa que reflejar mis propias vivencias interiores.

–RUEDA *UN VOLCÁN HABITADO* JUNTO A DAVID PANTALEÓN. UN DOCUMENTAL DONDE EL VOLCÁN ES OTRO DE LOS PROTAGONISTAS.

–La primera película que codirigí fue en Nueva York con mi hermana Julieta, *I love you*, y la última con David Pantaleón, que aparte de ser amigo y compañero hemos vivido muchas batallas juntos y cuando pasó lo del volcán nos encontrábamos los dos en La Palma. Con respecto al paisaje y lo que está detrás, vuelve a ser una excusa como *La luz de Mafasca*. Quería hablar de un grupo de amigos, de la vulnerabilidad que podemos sentir los seres humanos ante los actos de la naturaleza. Estalla un volcán a dos kilómetros de mi casa y mis amigos y yo toda la vida queriendo ver un volcán claro que de los volcanes de los que nos habían hablado eran como muy inocentes porque el territorio no estaba tan ocupado y apenas hacía un destrozo, pero este fue muy diferente. Tanto David como yo nos quedamos desilusionados por cómo retransmitían los medios de comunicación la erupción, el sensacionalismo ante la desgracia humana y nosotros que lo estábamos viviendo, perdiendo la casa, el puesto de trabajo, descubrimos una película que no hablara de lo que ellos perdían sino de lo vulnerable y de lo que sentían ante el volcán. Contar su día a día y darnos cuenta que somos personas que habitamos un territorio que creemos que nos pertenece pero que estamos ocupando de una forma física y metafísica y lo que se puede hacer ante un acontecimiento así es contemplar su belleza, la majestuosidad de la madre naturaleza. La película se centra en eso y la vulnerabilidad de ese grupo de amigos como otras personas que están a su alrededor y su relación con el volcán y de eso es de lo que menos se habla.

–¿LE GUSTA RODAR MÁS EN EXTERIORES O EN INTERIORES?

–Normalmente en exteriores porque los interiores no me provocan, no me despiertan tanto como contemplar un paisaje urbano (A veces el amor) como rural. Me gusta estar más fuera que dentro, tal vez porque para expresar mi interior lo de fuera es lo que me llama la atención y cuando me fijo en algo es porque me siento identificado con ese algo aunque no lo haya vivido nunca como una calle de Nueva York, un jardín, la Caldera de Taburiente, el macizo del monte de Genaro que son sitios que me sobrecogen el alma. Me gusta hablar de cosas que me sobrecogen. También trato en muchas de mis películas sobre el amor pero como excusa para hablar de otras cosas.

–EN ESTE SENTIDO, ¿SE CONSIDERA UN CINEASTA MÁS INTUITIVO QUE REFLEXIVO?

–Me gusta mucho dejarme llevar por la intuición. En La luz de Mafasca preparé el guion con Aitor Guezuraga durante dos años y reflexionamos bastante en torno a la leyenda de la luz de Mafasca. En la parte de investigación reflexioné mucho y le di vueltas de por dónde iba a tirar, pero llega siempre un momento en el que me aburro, de hecho, no hice caso al guion de La luz de Mafasca e hice una película improvisada. En ese sentido me gusta dejarme llevar por la intuición pero cuando llevas las cosas muy preparadas. En Un volcán habitado veíamos planos y descubríamos personajes, pero sin un orden definido. David y yo decidimos hacer la película juntos porque sentíamos lo mismo, descubrimos la película cuando terminamos de rodarla y comenzamos a editarla y eso es lo que ofrezco a la gente que viene al Festivalito, donde pido que se dejen llevar por la intuición durante una semana porque es una forma diferente de hacer cine. Si te dejas llevar por ese caos organizado, te has preparado pero no sabes para qué, hay que estar muy despierto y dejarse llevar por lo que pasa a tu alrededor. Me gusta rodar con un equipo reducido ya que al llevarte por la intuición cuesta trabajo explicarle a todo el mundo lo que tienes en la cabeza pero todavía no sabes definir hasta que terminas de rodar. Sí, es bastante complejo rodar así y la mayoría de las veces no llegas a ningún lado pero te diviertes rodando. Me encanta no saber dónde voy a llegar.

–¿Y ES UN CINEASTA QUE SE PREOCUPA MÁS POR EL ASPECTO TÉCNICO O POR LOS PERSONAJES?

–Primero empiezo por el aspecto estético: la fotografía, el encuadre, no soy director de fotografía, pero para mí el encuadre es fundamental, es coger un trocito de la realidad que te interesa y te despierta algo por dentro y a partir de ahí suceden las cosas. El encuadre solo es un personaje. El paisaje lo dice todo y a veces me sobran los personajes. Convierto la localización en un personaje ya que trabajar los personajes es lo que más me cuesta sobre todo cuando lo llevo a la ficción, cuando invento algo me parece demasiado artificial, que no tiene que ser real pero sí que parezca real. Trato de imitar la realidad, siempre digo que mis películas de ficción son documentales en los que meto un personaje de ficción en un ambiente real.

–¿NUEVA PELÍCULA A LA VISTA?

–Se trata de una comedia romántica y gamberra. Tengo la historia, la trama, los puntos de giros pero los personajes no me acaban de convencer, no me parecen de verdad... El encuadre, sin embargo, me resulta infinitamente más sencillo, elegir el que exprese lo que quiero contar más que inventarme a un personaje.

–¿CUÁLES CREE QUE SON LAS CONSTANTES DE SUS PELÍCULAS?

–El amor está en tres títulos de mis películas y en la que viene también. Aunque cuando era más joven y existencialista ese tema, el existencialismo, gracias a Dios se me quitó, trate de re-tratarlo en mis primeros cortometrajes. Ahora lo que quiero es divertirme y agarrarme a la vida. Es verdad que soy existencia-lista en el amor pero ¿qué es el amor?, encontrarte a una persona que puede hacerte feliz ahora estoy en la etapa que no, que ese es el gran engaño porque creo que el amor es mucho más grande que todo eso. Al principio trataba otros temas más clásicos, como la brujería, que abordé en *La luz de Mafasca*, y que he de-jado a un lado aunque me encantan los ritos ancestrales como los que había en Canarias pero voy variando.

–¿CUÁL ES SU DIAGNÓSTICO DE SECTOR CINEMATOGRÁFICO EN CANARIAS?

–Comencé a fijarme en esto del cine en 1998 o1999 y pienso que ahora vivimos el mejor momento del cine en Ca-narias porque aquí se hace cine de todas las clases, desde el grande de Hollywood al autoral, que cuesta mucho de ver y entender a mucha gente y eso es bueno. Y en medio se des-pliega un abanico de documentales así como películas de fic-ción y animación. Cuando empecé había muy pocos creadores de cine canario, ahora no sé si hay doscientos que no es que hagan largos pero sí cortos y hay técnicos y gente que hace cine *amateur* y profesionales, que es el que vive de hacer cine y tam-bién hay gente que vive de esto desde el cine más autoral, como El viaje film, que dirige José Ángel Alayón al grande que triunfa en Hollywood como las películas que dirige Juan Car-los Fresnadillo. Canarias es un territorio muy pequeño pero para lo pequeño que somos se hace cine de todos los estilos y en algunos casos ese cine llega muy lejos. Tenemos también grandes actores, como Álex García, por decir uno... Aquí quien quiere hacer cine lo puede estudiar en diferentes escue-las y cursos de formación. En mi caso, cuando comencé me fui a Madrid y a los Estados Unidos, pero eso no lo puede hacer todo el mundo. Hay muchos festivales de cine, quizá nos falta uno de cine comercial porque todos los que se celebran son de cine independiente comenzando por el Festivalito. Vivimos un gran momento en Canarias y se ha formado una comunidad. El cine canario goza de buena salud y camaradería.

–¿QUÉ MEJORARÍA EN LAS AYUDAS PÚBLICAS?

–Siempre digo que las ayudas públicas pueden venir de forma indirecta, que es la gran noticia que hemos tenido con los incentivos fiscales no solo para las grandes sino también las pequeñas productoras. En cuanto a subvenciones están más dirigidas a gente que ya han hecho cine y que lo hace en formato más grande. Para pequeñas producciones y de carácter más autoral no se sigue una norma común y a la gente que empieza le cuesta más pedir esas ayudas. El *novo* cine gallego demostró que se podían hacer películas por menos de 30 mil euros y en esas películas los canarios seríamos cabeza de león y, cuando se hacen grandes, colas de ratón. Hace falta más implicación de la Televisión Canaria, que debería ser un escaparate para proyectar todas las obras cinematográficas que se hacen en Canarias, no solo los largos subvencionados por el Gobierno regional sino porque se hacen infinidad de obras en Canarias y hay películas muy pequeñitas que hablan más de las islas que las grandes producciones que se subvencionan, muchas de ellas películas magníficas pero a mí me gusta que se hable de lo nuestro.

–¿CÓMO CREE QUE TRATAN LOS FESTIVALES QUE SE CELEBRAN EN LAS ISLAS AL CINE QUE HACEN USTEDES EN CANARIAS?

–Los festivales siempre tratan de tener una sección canaria. Desde el Festivalito, que es el que yo hago. Por un lado, los festivales tienen que mezclar películas internacionales y nacionales y canarias pero a veces creo que en esos festivales el cine canario queda desdibujado, porque si traes cien películas del mundo porque son las mejores y en Canaria se hacen 15 y eliges 5... El cine canario queda desdibujado, lo que es una pena pero los medios le dan más importancia a una película internacional que a una canaria. A mí me resulta más interesante estrenar una película canaria fuera de un festival de cine en Canarias porque por lo menos tienes la atención mediática para ti solo. Echo de menos que no haya un festival de cine canario, uno que no solo exhiba el independiente y autoral que es el que más se retrata en los festivales de cine en Canarias pero que descartan otras películas porque su línea editorial es marcadamente autoral. Y ese otro cine que no se está retratando es muy interesante y lo dice alguien al que personalmente le gusta el cine independiente y el autoral. En el Festivalito estamos tratando de llevar otro tipo de cine como las *web series*, cineastas como David Sainz, que para mí es uno de los directores más grandes que hay en Canarias pero como no hace ese cine autoral y críptico está más reconocido fuera que dentro de las islas y ese cine hay que respetarlo.

–¿BENEFICIAN LOS RODAJES EXTRANJEROS Y NACIONALES AL CINE QUE HACEN USTEDES?

–A los cineastas no lo sé porque la gente se le llena la boca que esto va a ser Hollywood pero eso es para los técnicos, que cobran un sueldo digno y permite la formación pero no es un cine hecho por canarios. He vivido varios años como técnico para producciones internacionales y no le veo nada malo pero a veces queremos que las producciones que hacen los canarios sean como las de fuera pero el presupuesto es infinitamente diferente. ¿Hasta qué punto nos ayudan estos rodajes a los creadores canarios? Como creador poco como técnico mucho, lo que hay que pensar es en crear una industria del cine en Canarias.

FILMOGRAFÍA

LARGOMETRAJES:

90 minutos & I love you (2011).
La luz de Mafasca (2012).

11211 El barrio de avenidas que se bifurcan (2014).
Bklyn 11211 (2015).
A veces el amor (2021).
Un volcán habitado (2023).

CORTOMETRAJES:

Magerit (1997).
La sonrisa de los gatos (1999).
The girl of the rain (2000).
Welcome to Disneylandia (2001).
Zacarías y el dragón de lluvia gris (2006).
Un-Plugged (2009).
Los mejores años de nuestras vidas (2009).
About a minute (2010).
Isla, la imposibilidad de (2013).
Desde mi terraza (2014).
Desayuno con pastillas (2016).
La verdadera historia de Santa Klaus (2016).

«LA METÁFORA DE LA ISLA ESPEJISMO ES IDÓNEA PARA DEFINIR LO QUE ES LA CULTURA CANARIA»

MANUEL GONZÁLEZ MAURICIO

Manuel González Mauricio es uno de los pioneros del cine de animación generado por ordenador en Canarias. Tras varios ensayos «experimentales» y una arriesgada adaptación de un cuento de Mario Benedetti, *La noche de los feos*, Manuel González estrenó su primer largometraje animado, *Hiroku, defensores de Gaia* (2013), un proyecto que pedía una continuación pero que por causas diversas no pudo ser. Con todo, se trata de una película de dibujos animados donde los paisajes son casi tan protagonistas como los héroes de la cinta. Su mensaje, además, es profundamente actual por ecologista.

–¿CUÁNDO SE DESPIERTA EN USTED SU AFICIÓN POR EL CINE?

–Realmente no sé si tengo una afición al cine. Creo que más bien tengo una afición a las imágenes, especialmente a crearlas. No sabría definir un momento concreto, desde siempre he vivido inmerso en una cultura visual. Nací en 1961 y si tuviera que definir algunos hitos que me marcaron, serían la llegada de la televisión a mi casa, ir de niño al cine, ver las películas familiares que sacaba mi padre con la cámara Súper8 o poder usar una cámara VHS con 17 años. Yo me dedico a la animación y esto seguramente está también relacionado con mi afición a dibujar desde muy pequeño, a los dibujos animados que vi de niño y a mi afición al cómic y luego a la informática, a los efectos especiales y a la imagen generada por ordenador.

–¿CÓMO REFLEJA LAS ISLAS EN SUS PELÍCULAS?

–*San Borondón, isla virtual* es la que podría considerar como mi primera obra y es una reflexión sobre el concepto de la canariedad. La metáfora de la isla espejismo creo que es idónea para definir lo que es la cultura canaria, algo que está en los límites entre lo real y lo ilusorio. En esta obra la canariedad está representada de forma idealizada a través del paisaje, la obra plástica de los artistas canarios, el legado aborigen, la voz de sus poetas y la música.

En *Hiroku: Defensores de Gaia*, Canarias y en concreto Tenerife están representados como el último reducto de la resistencia ecologista frente a una macrocorporación mundial destructora del medioambiente. Se recurre también al mito del buen salvaje para referirse a los habitantes de las islas como una versión postapocalíptica de los guanches, adaptados a su medio natural.

Incluso en *La Noche de los feos* que está basada en un relato de Mario Benedetti hay presencia de elementos culturales canarios a través de los decorados, que son reconstrucciones en 3D de edificios del arquitecto Miguel Martín-Fernández de la Torre.

Mi última obra, que es una serie documental sobre José González Rivero, el pionero del cine en Canarias, tiene por objetivo recuperar y divulgar una parte importante del patrimonio cultural de las Islas. Es además el homenaje a un titán para el que la insularidad no era una limitación, pero si lo fue la sociedad de su época. Un personaje con el que he terminado sintiéndome muy identificado.

–¿QUÉ ELEMENTOS DESTACARÍA DE ESTA REPRESENTACIÓN?

–Sin duda se trata de una representación idealizada de las islas, algo que solo la reconstrucción virtual permite. Es sin duda un intento de rescatar y preservar la belleza del paisaje y del patrimonio arquitectónico. Hay también una cierta voluntad pedagógica, divulgativa, que seguramente tiene que ver con mi formación. También hay un componente ideológico, que es la defensa del territorio y de la identidad cultural frente a un neoliberalismo destructor y globalizador.

–¿CÓMO DEFINIRÍA EL CINE QUE HACEN CINEASTAS DE LAS ISLAS SOBRE SU PROPIA REALIDAD INSULAR?

–Es un poco atrevido intentar sintetizar la variedad de obras de autores canarios, pero yo me atrevería a señalar dos elementos. Uno es sin duda la exaltación del paisaje, de su belleza arrebatadora, de su variedad y de su luz. Algo de lo que ya hablaba José González Rivero en los orígenes del cine en Canarias.

El otro elemento creo que es la búsqueda de la identidad, el intento de definir quiénes somos desde la amalgama de nuestra mezcla de orígenes, desde la paradoja de que somos a la vez el aborigen sometido y el que vino de fuera a someterlo. Esto da como resultado en muchas ocasiones una visión del mundo próxima a la socarronería pesimista.

–¿CREE QUE SOMOS UN ARCHIPIÉLAGO CON SEÑAS DE IDENTIDAD COMUNES?

–Por supuesto. El mero hecho geográfico de la insularidad y nuestra historia común dan como resultado una forma de ser, una identidad que ya nos distinguió como «isleños» del resto de «gallegos» durante el poblamiento de América. Tenemos sin duda una identidad paradójica que nos define a la vez como ultraperiféricos y como eje tricontinental, como migrantes y como receptores, como islas afortunadas y el lugar con los mayores índices de desigualdad de España. Nuestras señas de identidad no hay que buscarlas en el folclore, sino en los desafíos futuros que compartimos y que básicamente consiste en preservar Canarias como un territorio en el que poder vivir con dignidad.

–ESTABLEZCA UN DIAGNÓSTICO DEL SECTOR CINEMATOGRÁFICO Y DE LA CREACIÓN CINEMATOGRÁFICA EN CANARIAS

–A través de incentivos fiscales se han incrementado mucho las producciones foráneas que se realizan en Canarias. Esto ha creado bastantes puestos de trabajo de cierta calidad en el sector de la animación, pero que en muchos casos son ocupados por personas venidas de fuera. En el resto del sector los puestos de trabajo que se crean son de bastante peor calidad y temporalidad. Se está creando un modelo muy parecido al del turismo, que beneficia a empresarios foráneos y genera puestos de trabajo precarios para los canarios. Se da la calificación de «obra audiovisual canaria» a películas y series que solo tienen de Canarias el haberse hecho con nuestro dinero público. Estas obras no representan nuestra identidad cultural y con dicha calificación se pervierte la idea de lo que es el cine canario.

–¿QUÉ MEJORARÍA DE LAS POLÍTICAS PÚBLICAS DE APOYO AL CINE?

–Si se mantiene el actual sistema de incentivos fiscales, las aportaciones de dinero público que se hacen a las películas y series deberían otorgar al Gobierno de Canarias, a través de una empresa productora pública, el carácter de coproductores y de esa manera recibir el retorno de los posibles beneficios. Esos beneficios se deberían emplear para crear una verdadera industria audiovisual canaria. A partir de esa productora pública los creadores canarios tendrían acceso a formación, recursos técnicos y materiales, así como ayudas a la distribución para afrontar sus producciones.

–¿CUÁLES SON LOS PROBLEMAS MÁS GRAVES ANTE LOS QUE SE ENCUENTRA EL CINEASTA CANARIO Y/O RESIDENTE EN LAS ISLAS?

–Básicamente es la estabilidad. Se trata de tener una industria lo suficientemente sólida para que los creadores puedan vivir exclusivamente de hacer películas y series. Este al menos ha sido mi caso, en el que el cine es solo un *hobby*, en ocasiones muy intenso y caro.

–¿QUÉ ESTRATEGIAS SON POSIBLES PARA GENERAR UN MAYOR INTERÉS EN EL CINE QUE SE HACE EN LAS ISLAS?

–Pusimos muchas esperanzas en la Televisión Canaria cuando se creó. Pensamos que sería una plataforma fundamental para las producciones canarias. Aunque hemos realizado algunas series documentales para la Autonómica, en realidad su papel para la promoción del cine hecho en Canarias ha sido bastante decepcionante. Creo que aún existe la posibilidad de que la Televisión Autonómica apueste decididamente por obras de ficción realizadas en Canarias, como parte central de su programación y que no relegue al cine hecho aquí a un programa especial por el día de Canarias emitido a las 12 de la noche. Esto quizás se podría lograr si se trabajara en colaboración con la empresa pública de producción que propuse anteriormente.

Creo que otra medida para fomentar el cine hecho en las Islas podría ser la creación de unos premios anuales al cine canario (los Rivero quizás).

–¿QUÉ TEMAS, QUÉ PREOCUPACIONES, TRATA EN SU CINE?

–Defensa del medioambiente, identidad, memoria histórica, divulgación cultural y de valores.

–¿SE CONSIDERA UN CINEASTA INTUITIVO O REFLEXIVO?

–Me gustaría creer que soy las dos cosas a partes iguales, pero habiéndome educado bajo la pedagogía alemana y viendo lo que tardo en acabar mis obras creo que soy más reflexivo que intuitivo.

–¿Cómo tratan los festivales de cine que se celebran en Canarias al cine que se hace en las islas?

–La verdad es que no estoy muy al tanto de cómo está el panorama actual de los festivales en Canarias, ni de los mecanismos de selección. En la época que yo concurría a festivales en Canarias tengo que reconocer que me fastidiaba un poco que existiera una categoría de selección específica para cine canario. Me parecía como una minusvaloración. El cine de verdad por un lado y el canario por otro. De hecho, protesté activamente en contra de esta división en un simulacro de festival de animación que se celebró en Santa Cruz en 2002 y solo tuvo una edición.

Recuerdo con especial satisfacción el Festival de Cine Internacional de Canarias de 2006. Había presentado mi corto recién acabado *La Noche de los Feos* y pensaba que tenía posibilidades de llevarme el premio al mejor cortometraje canario. Pero no ocurrió. Así que volví a Tenerife algo decepcionado. Desembarcando del ferry recibí la llamada oficial confirmándome que había ganado el premio al mejor cortometraje internacional que me otorgaba un jurado compuesto entre otras personas por William Klein, Román Gubern y Zoé Valdés. Ese corto obtuvo muchos premios internacionales, estuvo nominado a los Goya y se vio en todo el mundo.

–¿Han contribuido a dinamizar al sector los rodajes nacionales y extranjeros que se ruedan en el archipiélago?

–Han contribuido a dinamizar a las empresas que se dedican a prestar servicios. Han profesionalizado ciertas actividades vinculadas al cine, pero en realidad han contribuido poco a fomentar una industria canaria del audiovisual. Por este camino el modelo de industria audiovisual en Canarias terminará siendo muy parecido al modelo turístico. Los beneficios son para empresarios foráneos y se van fuera, mientras que los puestos que se generan para las personas canarias son los trabajos más precarios.

FILMOGRAFÍA

CORTOMETRAJES:
El infierno: estudio topográfico.
San Borondón: isla virtual.
La Máquina (2000).
La pecera de César (2000).
Atlánticos (2002).
La noche de los feos (2006).

LARGOMETRAJES:
Hiroku. Defensores de Gaia (2013), largometraje.

«CANARIAS TIENE TAMBIÉN
SU PROPIA IDENTIDAD»

RAÚL JIMÉNEZ

Raúl Jiménez tiene una insólita capacidad para ganarse la confianza de la gente, capacidad que no manipulación de la que se sirve para rodar un cine muy personal y con conciencia que está protagonizado en la mayoría de los casos por los desheredados de la tierra. En este aspecto, su mirada es de hondo calado social y sentimental, forma de hacer las cosas que impregna también en el documental que junto a Manuel González Mauricio ultima sobre el pionero del cine en Canarias, José González Rivero, el director de la primera película de ficción que se rodó en estas tierras: *El ladrón de los guantes blancos* (1926).

–¿RECUERDA CUÁNDO SE DESPIERTA EN USTED EL INTERÉS POR HACER CINE?
–La pasión por el cine se despertó en mí de la misma manera que ocurrió con la música. En 1994, tuve la oportunidad de viajar a Londres, al igual que muchos canarios. Esto se debió en primer

lugar a la excelente conexión aérea y en segundo lugar a los beneficios sociales que el Reino Unido ofrecía en comparación con la escasez de ayudas en España. Después de no ser admitido en la Escuela de Realización de Taco debido a la alta demanda en la isla, opté por estudiar un oficio que me permitiera adquirir las herramientas técnicas necesarias para expresarme en el futuro. Durante tres años, continué mis estudios en el South Thames College mientras trabajaba en un canal universitario. Esto me brindó la oportunidad de realizar mis primeros trabajos, tanto en el ámbito industrial como en el artístico y experimental.

–¿DE QUÉ MANERA REFLEJA LAS ISLAS EN SUS PELÍCULAS?

–Creo que un cineasta debe explorar y reflejar su entorno de manera auténtica. En mi caso, al vivir en las islas, este entorno se refleja naturalmente en mi obra. Me interesa hacerlo de una manera que no se enfoque en exceso en la «canariedad» ni que resalte sentimientos nacionalistas. Considero que en las islas tenemos paisajes singulares que son una fuente inagotable de inspiración, y sería ilógico no aprovechar esta riqueza.

Mi enfoque consiste en plasmar la esencia de las islas en mi trabajo, no solo a través de la cinematografía, sino también en la elección de actores no profesionales. Mi cine se acerca más al naturalismo, buscando capturar la vida cotidiana y las experiencias humanas de una manera modesta.

–¿Y QUÉ ELEMENTOS DESTACARÍA DE ESA REPRESENTACIÓN?

–Entiendo que la pregunta se refiere a la representación como un trabajo global en una obra. Dada mi condición de artista que también se dedica a la música, me esfuerzo por crear sinergias entre mis proyectos cinematográficos y musicales. Utilizo material musical de otros artistas como parte de la banda sonora de mis películas, y a menudo los involucro como actores en distintas capacidades. Este enfoque es un elemento clave y común en mis películas, ya que estos músicos suelen ser visibles al principio, al final e incluso actúan en algunas secuencias.

Creí que al emplear esta fórmula en mi cine, podría infundirle un carácter personal y dejar mi propia huella en cada obra. A mi entender, el resto de los elementos en mis películas también están sujetos a mi visión única del cine.

–¿CÓMO DEFINIRÍA EL CINE QUE HACEN CINEASTAS DE LAS ISLAS SOBRE SU PROPIA REALIDAD INSULAR?

–Es cierto que existen trabajos de otros cineastas que considero magníficos, muchas de estas obras han sido muy bien producidas y han alcanzado un amplio reconocimiento tanto dentro como fuera de nuestras fronteras.

En cuanto a la realidad insular, estoy de acuerdo contigo en que un cineasta debe abordarla con honestidad. Creo que reflejar nuestra realidad local es importante, y, cuando sea posible, hacerlo con el propósito de destacar problemas que requieren solución. Esto puede ser una forma valiosa de concienciar sobre cuestiones importantes, pero debe hacerse de manera auténtica y no desde una perspectiva puramente promocional, ya que para ello existen campañas específicas.

–¿CREE QUE SOMOS UN ARCHIPIÉLAGO CON SEÑAS DE IDENTIDAD COMUNES?

–Es cierto que como en todas las regiones, Canarias tiene también su propia identidad. Esto se refleja en su paisaje volcánico, sus playas de arena negra, la diversidad de su masa forestal, su gastronomía, su folclore y, por supuesto, nuestra manera de hablar. Además, cada isla dentro del archipiélago tiene su singularidad, lo que ofrece una gran variedad de espacios naturales que pueden ser explotados en muchas producciones.

Esta diversidad y riqueza cultural y natural proporciona a los cineastas un amplio campo de posibilidades para explorar y representar la identidad canaria de una manera natural.

–¿PODRÍA DIAGNOSTICAR EL SECTOR CINEMATOGRÁFICO Y DE LA CREACIÓN CINEMATOGRÁFICA EN CANARIAS?

–Claro está que la industria cinematográfica en las Islas Canarias se ha desarrollado de forma exponencial en los últimos años, creo que gracias a los incentivos fiscales que atraen a numerosas productoras extranjeras para realizar sus filmaciones. Esto ha propiciado un aumento en la demanda de servicios de producción y ha impulsado la especialización de empresas en la provisión de estos servicios.

Sin embargo cuando analizamos la producción de obras por parte de cineastas canarios, la dinámica es distinta. En su mayoría, las producciones locales suelen ser más modestas en comparación con las grandes producciones internacionales y, por lo tanto, operan en una liga diferente. Esto se debe a limitaciones de recursos, pero también representa una oportunidad para que los cineastas locales desarrollen su inventiva en la narración y representación de su realidad local.

–¿QUÉ MEJORARÍA DE LAS POLÍTICAS PÚBLICAS DE APOYO AL CINE?

–En primer lugar, cuando un productor se enfrenta a la tarea de presentar un proyecto para un concurso y se evalúan los criterios de puntuación, a menudo puede resultar desalentador. Esto se debe en parte a la sugerencia implícita de incluir temas de actualidad que podrían ser políticamente rentables en las obras presentadas. Cada vez es más evidente una tendencia marcada desde Europa que la sociedad está siguiendo, lo que podría dar la impresión de que no existe una libertad creativa completa si los proyectos deben seguir una dirección específica. Es innegable que los proyectos que se alinean con un discurso relacionado directamente con la Agenda 2030 tienden a ser más atractivos, ya que siguen un camino ya trazado.

Desde una perspectiva histórica, hay una rica filmografía de clásicos que, en la sociedad actual, podrían no tener cabida. Incluso podrían no ser admitidos para su exhibición debido a su relación con temas controvertidos.

La mejora en las ayudas públicas es factible, pero no necesariamente en términos de presupuesto, sino en el proceso de selección de proyectos. Me permito reflexionar que los comités de expertos que eligen las obras a financiar a menudo parecen estar desconectados de la realidad de las islas y, en ocasiones, no comprenden completamente la envergadura de los proyectos que evalúan.

Un ejemplo concreto que ilustra esta desconexión es el caso de la producción de *Ciudadano Rivero*. Sorprendentemente, este proyecto fue rechazado en las ayudas del Gobierno de Canarias con el argumento de que el guion abordaba la esclavitud en la isla. Sin embargo, este razonamiento no reflejaba con precisión el contenido del guion, ya que en realidad la película trataba sobre la vida del cineasta lagunero José Rivero.

Este tipo de situaciones subrayan la necesidad de que los comités de expertos profundicen en la lectura de los guiones y dediquen más tiempo a entender todas las facetas fascinantes de las historias que se presentan. En el caso de *Ciudadano Rivero*, la historia de José Rivero comienza en el contexto sociocultural de Cuba, donde nació. En esa época, los canarios emigrantes más humildes eran tratados de manera similar a la esclavitud, y esta realidad histórica es esencial para comprender la vida y obra de Rivero. Es fundamental que los comités de selección se sumerjan en los guiones y valoren la riqueza y complejidad de las historias que se les presentan.

–¿CUÁLES SON LOS DESAFÍOS ANTE LOS QUE SE ENCUENTRA EL CINEASTA CANARIO Y/O RESIDENTE EN LAS ISLAS?

–Uno de los desafíos más destacados en la industria cinematográfica es recibir una ayuda financiera y luego verse en la situación de tener que devolverla debido a no alcanzar el financiamiento total necesario para el proyecto. Lo que agrava esta situación es que, en ocasiones, además de devolver la ayuda, es necesario hacer frente a sanciones económicas. Aunque personalmente no he experimentado esta situación, conozco colegas que han tenido que lidiar con este dilema. Por esta razón, es crucial asegurarse de contar con un compromiso sólido tanto de las entidades públicas como de las privadas, ya que cualquier fallo no solo afecta la producción de la película, sino que también implica un riesgo financiero significativo.

–¿QUÉ ESTRATEGIAS SON POSIBLES PARA GENERAR UN MAYOR INTERÉS EN EL CINE QUE SE HACE EN LAS ISLAS?

–Las estrategias en la industria del cine suelen depender en gran medida del productor en cuestión. No todos los que se dedican al cine son artistas consagrados que automáticamente generan interés cada vez que lanzan una película. En función del tipo de producción, la distribución puede variar considerablemente, lo cual está estrechamente relacionado con el equipo de trabajo. Más allá de su faceta artística, el cine es también un negocio altamente estructurado. En otras palabras, si te encuentras en la liga principal y tienes la oportunidad de colaborar con los mejores profesionales técnicos y un elenco de renombre, la visibilidad de tu obra se multiplica de manera exponencial.

Aparte de considerar la industria cinematográfica, es fundamental tener en cuenta que cuando te dedicas al cine independiente, una estrategia efectiva consiste en establecer conexiones culturales con otros países. Esto se logra a través de la colaboración con pequeñas salas de exhibición y la creación de vínculos con exhibidores y cineastas de distintas partes del mundo. Estas relaciones permiten forjar una sinergia que puede enriquecer tus proyectos y ampliar tu red de contactos en la comunidad cinematográfica internacional.

—¿QUÉ TEMAS, QUÉ PREOCUPACIONES TRATA EN SU CINE?

—Sin lugar a dudas, mi principal fuente de motivación siempre ha sido la temática social, la cual considero una presencia constante en mis modestas producciones. Esto se ha reflejado tanto en las películas en las que he trabajado como director, como en mis dos últimos largometrajes producidos en diversos barrios de La Laguna: *Me llamo Francois* y *Lo que realmente importa* (siendo esta última obra programada para su estreno el 4 de diciembre en el Teatro Leal).

En estos últimos años, mi interés se ha centrado particularmente en la temática histórica de Canarias. He llevado a cabo la adaptación cinematográfica de la novela *El Cacique* de Luís Rodríguez Figueroa, así como la novela autobiográfica de Secundino Delgado, *Vacaguaré*. Considero que estas son historias que merecen ser conocidas, ya que no han recibido la suficiente difusión. No obstante, lo que realmente me apasiona es abordar cuestiones de la sociedad que aún están pendientes de resolución y que invitan al debate.

—¿SE CONSIDERA UN CINEASTA INTUITIVO O REFLEXIVO?

—Como cineasta, siempre me dejo guiar por mi instinto, y, para bien o para mal, suelo establecer ciertos objetivos que, tarde o temprano, acabo alcanzando. Sin embargo, en ocasiones, es necesario dejar ciertas cosas en espera.

En cierto sentido, creo que este trabajo, como en muchos otros oficios, consiste en ser un solucionador de problemas. A lo largo de mi trayectoria en la producción cinematográfica, particularmente a través de talleres, he encontrado esta experiencia sumamente enriquecedora. Trabajar en la producción de numerosas obras cinematográficas con la colaboración de vecinos que escriben y participan en ellas ha sido gratificante. Especialmente, me ha impresionado año tras año el talento de muchos participantes, lo que se alinea perfectamente con la estética del naturalismo.

–¿CÓMO TRATAN LOS FESTIVALES DE CINE QUE SE CELEBRAN EN CANARIAS AL CINE QUE SE HACE EN LAS ISLAS?

–Definitivamente, como en todos los aspectos de la vida, es esencial aprovechar nuestra capacidad de establecer relaciones. En estos foros, se reúnen una variedad de artistas, productores y personas interesadas, lo que propicia encuentros sumamente interesantes. En mi caso, a pesar de diversas responsabilidades y otros compromisos laborales, solo he participado ocasionalmente. Sin embargo, debido a las numerosas proyecciones que he realizado en el pasado y la afluencia de público en las mismas, se me ha presentado la oportunidad de dirigir un Festival de Cine, llamado CISOCA (Cine social de Canarias). Esta iniciativa me ha intrigado y emocionado desde el principio, actualmente estamos programando la viabilidad del mismo.

No se trataría de un festival convencional en el que simplemente se reciban cortometrajes de todo el mundo, se realice un concurso y se entregue un premio. El enfoque sería diferente. Planeo organizar muestras de cine producido localmente, protagonizado por vecinos y diversos colectivos que trabajan en temas de interés social. Además, otorgaré especial atención a los cineastas aficionados de la década de los 70 y destacaré el valor de sus obras realizadas en formato Súper8. Creo que es crucial reconocer y valorar su trabajo, ya que si nadie más lo hace, nuestro festival es el escenario perfecto para ello.

–¿HAN CONTRIBUIDO A DINAMIZAR EL SECTOR LOS RODAJES NACIONALES Y EXTRANJEROS QUE SE RUEDAN EN EL ARCHIPIÉLAGO?

–Indudablemente, la participación de rodajes nacionales o extranjeros ha contribuido de manera significativa a dinamizar la industria cinematográfica. Estos proyectos aportan riqueza en diversos aspectos y es crucial seguir apostando por ellos para fomentar el crecimiento y la diversificación de la industria del cine.

En mi enfoque cinematográfico, priorizo los rodajes que permiten que las comunidades locales muestren su cultura, arte y patrimonio en la pantalla. Esto desempeña un papel fundamental en la preservación y promoción de la identidad de los pueblos, ya que estas películas sirven como valiosos testimonios históricos y culturales. Aunque las producciones cinematográficas de gran presupuesto pueden ofrecer visibilidad y recursos a una región, tienden a enfocarse en tramas de entretenimiento más comerciales, pasando por alto los aspectos más profundos de la cultura local. Por otro lado, los proyectos centrados en documentar y celebrar la riqueza cultural y social de una comunidad son valiosos para la conservación de la memoria colectiva.

Mi interés en este tipo de producción no se limita al folclore, sino que se relaciona con la documentación y la celebración de la riqueza cultural y social de un lugar. Estas películas son testimonios valiosos que perdurarán en el tiempo y serán apreciados por las generaciones venideras. Este enfoque es esencial para mantener viva la historia y la identidad de las comunidades locales.

FILMOGRAFÍA

CORTOMETRAJES:

Extra Lucic State of Mind (1997).
Azúcar (2007).
La antena araña (2011).
Niño calabaza (2012).

LARGOMETRAJES:

Muchachos (2013).
Guacimara y la tierra roja (2015).
El bombazo (2017).
Finca del gato (2021).
Crónicas del Toscal (2022).
Ciudadano Rivero (2023), serie documental. Codirección con Manuel Glez. Mauricio.

LARGOMETRAJES COMO PRODUCTOR:

Me llamo François (2022).
Lo que realmente importa (2023).

«CANARIAS MANTIENE UNA RELACIÓN DE AMOR Y ODIO CON EL PAISAJE»

ANDRÉS KOPPEL

El cineasta y guionista Andrés Koppel pertenece a la primera ola que apareció pocos años después del estreno de *Guarapo*, de los hermanos Ríos, con un mediometraje, más que cortometraje, titulado *La raya*, un filme rodado en la isla de El Hierro en la que los personajes se fusionan con el fascinante paisaje que rodea al faro de Orchilla. Tras esta experiencia y trabajando sobre todo como guionista para otros, Koppel rodaría años más tarde su primer largometraje en La Gomera, una adaptación de la novela de Lorenzo Silva *La niebla y la doncella*, protagonizada por los agentes de la Guardia Civil Rubén Bevilacqua (Quim Gutiérrez) y Virginia Chamorro (Aura Garrido).

–¿CÓMO FUE SU ACERCAMIENTO AL CINE?

–Creo que fue en 1984-1985. Entonces estudiaba Física en la Universidad de La Laguna y una tarde me di cuenta que aquello no era lo mío. Recuerdo que mi padre colaboraba por aquel entonces y como foto fija en el rodaje de *Bajo la noche verde*[4] y me metí en la producción como auxiliar de Juan Antonio Castaño, *Mengues*. Más tarde y en Madrid hice un curso de Fotografía en el Taller de Artes Imaginarias (TAI) y realicé publicidad en Barcelona. Luego, el servicio militar y después me fui a estudiar cine a los Estados Unidos.

–*LA RAYA* Y *LA NIEBLA Y LA DONCELLA* SON PELÍCULAS DE EXTERIORES. ¿ERA SU INTENCIÓN REFLEJAR LA ISLA DE LA GOMERA Y EL HIERRO EN ESTAS DOS PELÍCULAS?

–*La raya* empieza por una impresión paisajística cuando vi Orchilla por primera vez. Es tan brutal ese paisaje y tan difícil de reflejar con la cámara que tienes que vivirlo y mi idea era representar la soledad y todo aquello que me gusta de El Hierro, como es lo heterogéneo. Respecto al territorio, *La raya* es una reflexión sobre la pérdida de la identidad, por eso la metáfora con el Meridiano y lo que nos une a los lugares y que algo tan importante durante un tiempo y que pasa aparentemente por la nada incite a la lucha de una persona, el farero, para que ese lugar mantenga esa dignidad. No hubo una voluntad paisajística en la creación de *La raya* sino más bien de metáfora. Procedo de una escuela (a lo mejor más americana) que es la que se preocupa por la historia que vas a contar y era consciente que al poner la cámara en una isla como El Hierro tenía ya el paisaje.

–¿Y EN *LA NIEBLA Y LA DONCELLA*?

–En esta película me interesaba la relación de la gente con el paisaje porque La Gomera es una isla donde se vive prácticamente colgado del barranco. Es una isla que no da mucha oportunidad a la habitabilidad y me interesaba indagar en esa relación del hombre con el paisaje, que siempre está en conflicto. El paisaje define mucho a los gomeros. *La niebla y la doncella* cuenta una historia donde los secretos son evidentes y de ahí

---

[4] *Bajo la noche verde* (Josep Vilageliu, 1985).

que todo aparezca cubierto por la niebla que se usa también como metáfora, la niebla representa un poco el ruido y lo que miente la gente.

—¿EL PAISAJE DE LAS ISLAS CONDICIONA MUCHO A QUIENES LAS HABITAMOS?

—El paisaje de las islas condiciona a la gente, también a los que viven en las orientales aunque su relación sea distinta con el paisaje. En La Gomera el paisaje lo marca a uno profundamente, tanto, que hasta se han inventado un idioma para lograr comunicarse más allá del barranco. El gomero tiene una relación muy directa, y que pone a prueba todos los días con el territorio. Son como los herreños, ya que se trata de la gente más paciente que he conocido y que muestra mucho interés en sus propias cosas y creo que la gente se ha adaptado a esa particularidad del paisaje. En este aspecto, Canarias mantiene una relación muy de amor y odio con el paisaje y con todo lo que hemos construido, la distribución del paisaje es evidente aunque afortunadamente tenemos reservas naturales porque si no ya se habría construido en esos mismos espacios. A mí me parece que Canarias tiene una cultura de frontera, que estamos todavía inventándonos y que tenemos que buscar en nuestras propias entrañas. En esa relación de que Canarias es un lugar que habitamos a mí me da la sensación de que es un lugar solo de paso y esa pulsión todavía la noto un poquito pero cada vez menos, es verdad. Vivimos en un lugar maravilloso, con paisajes espectaculares. De hecho *Intacto* no se entiende sin el paisaje canario. Yo siempre digo que *Intacto* no es una película canaria sino profundamente canaria. El paisaje es nuestro gran poder y tanto es así que necesita que alguien cuente esa relación de amor y odio que tenemos los canarios con el paisaje.

–¿CREE QUE HAY UNA IDENTIDAD CANARIA?

–Creo que no y creo que es maravilloso que no la haya porque hay muchas identidades y cosas que nos unen, como la playa, lo que comemos pero no el folclore, que ha trascendido tanto, lo que es una pena. De todas formas, aún no nos hemos puesto de acuerdo sobre cuál es nuestra identidad así que para comenzar podríamos ponernos todos de acuerdo en la preservación del paisaje.

–PELÍCULAS COMO *RENDIR LOS MACHOS* Y *MATAR CANGREJOS* CUENTAN HISTORIAS QUE SE DESARROLLAN EN LAS ISLAS, ALGO QUE NO ERA MUY HABITUAL ENTRE LOS CINEASTAS CANARIOS DE SU GENERACIÓN.

–Somos dos corrientes distintas. Juan Carlos Fresnadillo, Javier Fernández Caldas y yo, que cogí el final de la ola, en unos tiempos donde hubo una bonanza económica muy fuerte, aquellos en los que salió la que se conoció como *Zeroloto*[5]. En aquella época el acceso a la producción era mucho más caro: *Esposados*, *Ruleta*, *La raya* eran cortos muy caros, se rodaba en 35 mm, y había que tener más cuidado porque uno tenía que llegar a un público lo más grande posible. *La raya* es

---

[5] *La Zeroloto*, explica Fernando Gabriel Martín en *El cine en Canarias (1896-2010)* (Tomo X de la *Historia Cultural del Arte en Canarias*, Gobierno de Canarias, 2008), se produjo cuando:

> Un organismo anómalo, la Consejería de Turismo del Gobierno de Canarias, convoca ayudas para el desarrollo de la producción audiovisual con el dinero presupuestado para crear un canal de televisión autonómico, que no se aprueba hasta unos años después. Se invierten cerca de 1.700 millones de pesetas, que se reparten salomónicamente entre las 71 productoras presentadas, muchas formadas con sentido oportunista a raíz de la convocatoria. Llama la atención de que algunos de los proyectos ya se habían realizado, otros estaban en fase de producción y el resto tuvo un destino incierto debido a problemas administrativos o de infraestructura. Entre las producciones acogidas a la subvención, el 83% es en soporte magnético, y un reducido porcentaje es para películas. De ellas, solo cinco son largometrajes, lo que no supone el gran impulso que la producción cinematográfica históricamente demandaba, y las subvenciones beneficiaron mucho más a varias cadenas de televisión.

un poco metáfora y los personajes eran lo que eran, ahora los hubiera hecho distintos, y una película quizás menos espontánea y mejor contada pero es una discusión baladí. La generación de cineastas de ahora ha practicado muchísimo más que nosotros y cuenta con menos teoría. David Pantaleón ha rodado diez veces más de lo que he rodado yo. Lo que me da miedo es el poco recorrido que tienen algunas de estas películas porque ahora están compitiendo en una liga completamente distinta. Las películas necesitan hacer taquilla y este cine compite en festivales con películas de otros cines pequeños. Vas con *Rendir los machos* a Toronto donde hay otras cinematografías pequeñas lo que resulta más arriesgado porque es una competición de talentos. Mi pregunta es ¿estamos haciendo todas estas películas para que se vean fuera?

–¿RECONOCE CONSTANTES, TEMAS COMUNES EN SUS PELÍCULAS?

–Me gusta mucho el hombre enfrentado a lo extraordinario y cómo eso le genera un cierto nivel de sufrimiento. Vivimos en una época donde estamos más solos que nunca, metidos en un mar de ruidos.

–¿Y ES MÁS INTUITIVO O CEREBRAL?

–Cerebral a partir de la inspiración. En el rodaje de *La niebla y la doncella* hubo ratos en los que me lo pasé bien y otros mal porque como guionista tienes la película en la cabeza pero la realidad del rodaje es muy diferente. Con todo, me salió una película muy digna que habla de cosas. En parte le debo al actor Quim Gutiérrez que pisara tierra cuando me recomendó que dejara la soberbia a un lado al darse cuenta que estaba preocupado porque el filme no estaba resultando el que yo imaginaba. Por otro lado, considero que las plataformas están cambiando todo a tal velocidad que no sé dónde vamos a ir. Es todo muy complicado, vamos hacia un modelo muy americano, donde al final va a ser importante el talento.

–¿SE ATREVERÍA A HACER UN DIAGNÓSTICO DEL CINE EN CANARIAS?

–Es muy difícil, aunque creo que el sector está en una constante lucha, creciendo, hay un reto entre lo industrial y lo formativo. En un mundo perfecto se hacen en Canarias entre 20 o 30 cortos con dinero a fondo perdido. Todo lo que está pasando ahora, como las ayudas fiscales, es fantástico porque se ha superado el discurso de que se lo estamos vendiendo a los americanos y a los extranjeros. Estimularía el apoyo a la creación y al guion pero hay que seguir empujando y si hay interés que los cineastas salgan. Es necesaria la creación de una escuela audiovisual de Canarias, repensar la parte formativa y meter dinero a fondo perdido en los cortos.

–¿QUÉ HARÍA PARA MEJORAR LAS POLÍTICAS CINEMATOGRÁFICAS?

–Invertir en la base, en la formación, que el acceso al cortometraje profesional sea más sencillo, que la formación vaya más allá del guion ya que tiene que haber de dirección, etc... Hay muchos grandes profesionales canarios y no canarios que viven en las islas y que han trabajado durante muchos años y que han hecho cine profesional que podrían compartir y enseñar sus experiencias.

–¿CUÁLES CONSIDERA QUE SON LOS PROBLEMAS MÁS GRAVES DEL CINE QUE SE HACE AQUÍ?

–Básicamente el acceso a la financiación para hacer proyectos profesionales. En otras comunidades con una identidad cultural más sólida tienen modelos pero cuestan mucho dinero, aquí consiste en pensar cómo levanto mi película y cómo consigo siendo canario el hecho diferencial y la devolución de la inversión hecha en Canarias y que para los directores canarios fuera de un 10 por ciento más. También el acceso a un dinero si eres canario y no solo para la producción que tiene mecanismos ya establecidos que se pueden mejorar.

–¿TRATAN BIEN LOS FESTIVALES DE CINE QUE SE CELEBRAN EN LAS ISLAS AL CINE QUE LOS CANARIOS RUEDAN EN ESTAS TIERRAS?

–No lo sé, pero parece que sí funcionan. Hay un reto pequeño que propongo, que todo el cine que se subvenciona en Canarias debe considerarse en Canarias. Que las subvenciones sean casi una compra de derechos para Televisión Canaria y hacer pases por Ayuntamientos. Las cinematografías solo tienen sentido cuando se hace con la complicidad de la gente que la subvenciona.

–¿AYUDAN LOS RODAJES NACIONALES Y EXTRANJEROS QUE SE ESTÁN HACIENDO EN CANARIAS A LA INDUSTRIA DEL CINE CANARIO?

–Visto desde fuera sí, pero es una pregunta para alguien que viva en Canarias. Da trabajo, rodando *La niebla y la doncella* el elenco de técnicos de las islas tenía mucho nivel, lo que pasa es que hay que saber si ese proceso ha terminado por encarecer el acceso para rodar.

FILMOGRAFIA

CORTOMETRAJES:
La raya (1997).

LARGOMETRAJES:
La niebla y la doncella (2017).

COMO GUIONISTA:
La raya (1997).
Intacto (2001).
Noche de Reyes (2001).
Un día sin fin (2003).
Real. La película (2005).

La niebla y la doncella (2017).
Zona hostil (2017).
En el corredor de la muerte (2019), temporada 1.
Way Down (2021).
El inmortal (2024), temporada 2.

«ME RESULTA MÁS INTERESANTE UN PLANO EN LAS CALLEJUELAS DE LA ISLETA QUE EN EL ROQUE NUBLO»

DANIEL LEÓN LACAVE

Daniel León Lacave cuenta con una filmografía en la que prácticamente ha tocado todos los géneros, cortos y largometrajes en los que el cineasta además de narrar historias revela su pulsión por el cine. Junto a Josep Vilageliu cultiva la corriente del «cine leve», y que como tal corriente debería de trascender las fronteras insulares. Lacave es también uno de los cineastas más *estajanovistas* a este lado del Atlántico y uno de los que mejor ha fotografiado a Las Palmas de Gran Canaria para la gran y pequeña pantalla. De hecho, la capital grancanaria ocupa un papel nada secundario y sí protagónico en varias de sus películas.

–¿CUÁNDO SE DESPIERTA EN USTED LA AFICIÓN POR EL CINE?

–Yo crecí en los años '70 y '80. Ir al cine era un ritual sagrado primero en familia y después con los amigos. Mi familia siempre fue muy cinéfila. Mi padre me transmitía su entusiasmo por las películas antiguas. Recuerdo verle emocionado haciendo comentarios mientras veíamos en la Tele *De aquí a la eternidad* o *La diligencia*. Después de cada sesión, mi hermano y yo jugábamos con nuestros muñecos a recrear lo que acabábamos de ver, haciendo nuestra propia versión. Supongo que era cuestión de tiempo que intentara hacer mi propia película. Con 10 años escribí mi primer guion e intenté rodarlo con una cámara de Súper8 que tenía mi padre. Por supuesto, no lo logré, pero ahí quedó la inquietud.

–¿CÓMO REFLEJA LAS ISLAS EN SUS PELÍCULAS?

–Creo que mi cine es primordialmente antropocéntrico. La persona siempre está por encima del entorno, con lo cual la localización suele ser sólo un *background*. Así todo, tengo preferencia por rodar en exteriores. Sobre la insularidad del paisaje cinematográfico, realmente intento hacer un cine universal, desde Canarias, pero que pueda entenderse y apreciarse su mensaje en el resto del mundo. Así he ambientado China en Las Palmas en uno de mis cortometrajes. Aunque bien es cierto que en mi largometraje *Los Días Vacíos* (2015) la ciudad de Las Palmas sí que se convierte en un personaje más de la narrativa. En esa ocasión sí que los paisajes de la ciudad contaban la historia. Las calles nocturnas, agobiantes. La playa de Las Canteras como elemento liberador. La soledad de la Avenida Marítima. Cada localización trazaba un estado de ánimo del personaje.

–¿QUÉ ELEMENTOS DESTACARÍA DE ESTA REPRESENTACIÓN?

–El concepto urbano. Sé que nuestras islas tienen parajes naturales impresionantes y muy cinematográficos, pero no me interesan demasiado a nivel narrativo. Me resulta más interesante un plano en las callejuelas de La Isleta que en el Roque Nublo.

–¿CÓMO DEFINIRÍA EL CINE QUE HACEN CINEASTAS DE LAS ISLAS SOBRE SU PROPIA REALIDAD INSULAR?

–Espero que nadie se moleste por esto, pero a veces me resulta forzado. La *canariedad* se está convirtiendo para algunos en el anzuelo para conseguir dinero de las administraciones, vendiendo una idiosincrasia que para mí es ficticia. Creo que la cultura y el modo de vida canario debe reflejarse implícitamente en una historia donde el mensaje sea lo importante. Si es el telón de fondo de algo, bien. Pero forzar planos y escenas de ese telón para que los políticos les suelten la pasta, pues eso ya no.

–¿CREE QUE SOMOS UN ARCHIPIÉLAGO CON SEÑAS DE IDENTIDAD COMUNES?

–Cada vez menos. La invasión cultural es demasiado potente e imparable. Creo que la televisión y el cine nos han colonizado culturalmente. Conocemos los juicios americanos por el cine. «Protesto Señoría», «me acojo a la quinta enmienda», pero poco sabemos de un juicio en la ciudad de la justicia de Vegueta. Y hemos olvidado o desconocemos nuestra historia y nuestras costumbres antiguas. Celebramos *Halloween* y ya no comemos castañas. Ante eso, hablar de señas comunes del archipiélago me parece absurdo. A medida que las generaciones anteriores vayan desapareciendo, sólo quedarán McDonald's como seña de identidad canaria.

–¿PODRÍA DIAGNOSTICAR EL SECTOR CINEMATOGRÁFICO Y DE LA CREACIÓN CINEMATOGRÁFICA EN CANARIAS?

–La falta de industria. Fin. Se acaba el debate cuando queda claro que no hay una industria canaria cinematográfica. Mi generación fue pionera a principios de este siglo de la revolución digital. Eso nos puso las cosas un poco más fáciles para hacer nuestros cortos de manera independiente, pero ni soñábamos en cobrar por nada de lo que hacíamos. Ahora hay una nueva generación de cineastas que lo tienen más fácil que nosotros. Ahora hay escuelas e institutos de cine, que les ceden equipamientos profesionales para hacer sus cortos, los mismos que nosotros hacíamos con una VHS y un micro de ordenador pegado a un palo de fregona. Les forman en teoría y práctica mientras que nosotros aprendimos a base de cortos fallidos y de ver mucho cine. Y lo más importante, esos centros de enseñanza son el lugar donde algunas productoras acuden cuando necesitan personal. Igual que te digo esto, te reconozco que hubo una generación anterior a la mía que lo tuvo más complicado que nosotros. Una generación de Súper8 y de moviolas manuales de edición. Pero lo triste es lo que tenemos en común todas estas generaciones de cineastas, la falta de industria. La dificultad de poder vivir de tu trabajo de forma estable. Y en eso tienen mucha culpa las políticas públicas y los políticos.

–¿QUÉ MEJORARÍA DE LAS POLÍTICAS PÚBLICAS DE APOYO AL CINE?

–Para mí, el modelo de ayudas ha sido un fracaso. Llevamos más de 20 años con este modelo y no ha generado nada parecido a una industria del cine canario. Creo sinceramente que hay que abordar la realidad desde dos puntos de vista. Si seguimos con el modelo de subvenciones a producción, hay que hacerlo más accesible a todo el mundo. Las normas a veces son draconianas. No entiendo que te den el 75% del presupuesto, pero tengas que justificar el 100%. ¿Quién, sino un loco, pondría dinero de su bolsillo, ese 25%, para hacer un producto que a buen seguro no tendrá retorno económico? Y no porque sea un mal producto, sino por la saturación de productos en el mercado. Tampoco entiendo que para cortometrajes te obliguen a ser empresa audiovisual durante 12 meses mínimo. ¿Un pibe que quiere hacer un corto tiene que pagar doce meses de seguro social? ¿para que luego puede que le rechacen el proyecto y no ruede? Al menos en el corto hay que apoyar a la cantera, desde abajo, para no frenar los talentos emergentes. Dar ayudas a personas físicas con un proyecto sólido... ¿Dónde está el problema?

De todas formas, creo que este sistema de subvenciones directas es un error. Sólo sirve para que algunos hagan su carrera con dinero público canario, destaquen, y con suerte terminen en Madrid rodando capítulos de *sitcoms*. El camino para mi es otro.

–¿CUÁLES SON LOS PROBLEMAS MÁS GRAVES ANTE LOS QUE SE ENCUENTRA EL CINEASTA CANARIO Y/O RESIDENTE EN LAS ISLAS?

–Hay varios. Primero, la falta de industria. No hay productoras que se dediquen a eso, a producir cine. Todas hacen otras cosas, y lo del cine, bueno, pues ahí está. Si les convences a lo mejor consigues que te presenten el proyecto a las ayudas a ver si hay suerte. Pero la mayoría ni se molesta en leer tu guion ni en responderte siquiera. Después, pagamos la lejanía y la fragmentación del territorio. Un ejemplo. Si vives en Toledo y necesitas vestuario, te coges el coche y te vas a Madrid a Cornejo. Aquí, pues intentas conseguirlo, retales, apaños, y al final te pillas un avión, más caro que ese coche de Toledo, te pagas un hotel en Madrid, vas a Cornejo y pagas el sobrepeso del avión de ida y de vuelta. Todo es más pequeño y más difícil. Por lo tanto, más caro.

–¿QUÉ ESTRATEGIAS SON POSIBLES PARA GENERAR UN MAYOR INTERÉS EN EL CINE QUE SE HACE EN LAS ISLAS?

–Ya está todo inventado. Cuotas de pantalla en la Televisión Pública Canaria para el cine canario. Obligarles a comprar todo lo que se haga y a emitirlo en un horario digno. Lo que hacen ahora es comprar algunos cortos a un precio muy bajo, y emitirlos el Día de Canarias a las dos de la madrugada. En los cines lo mismo, como hizo Corea del Sur y ahora es una potencia. Un 30% de lo que se proyecte debe ser cine canario. Con la cuota de pantalla asegurada, los cines y la tele demandarán productos canarios, y entonces los productores empezarán a cogerte el teléfono. Y ahí ya nos tocaría a nosotros hacer buenos productos para que el espectador vuelva a la sala.

–¿QUÉ TEMAS, QUÉ PREOCUPACIONES, TRATA EN SU CINE?

–Creo que el cine es un medio de comunicación muy poderoso como para desaprovechar la oportunidad de transmitir nuestros mensajes sociales. Alguien definió una vez mi cine como una constante radiografía social. Y en eso estoy. Es cierto que a veces he buscado el desahogo en temáticas de terror o comedias metafectivas, pero pienso que si nos consideramos a nosotros mismo artistas de nuestro tiempo, estamos obligados a reflejar y denunciar lo que pasa en nuestra sociedad. Igual que Goya pintó los fusilamientos contra aquella pared, nosotros debemos hablar de desahucios, pobreza, violencia, emigración... No quisiera sentirme avergonzado desde la tumba cuando dentro de 100 años alguien estudie el cine canario de principios del siglo XXI, y sólo encuentre *marcianadas*, pajas mentales e historias de amor adolescente.

–¿SE CONSIDERA UN CINEASTA INTUITIVO O REFLEXIVO?

–Buena pregunta. Diría que como persona, en mi día a día, soy alguien bastante reflexivo. sin embargo, como cineastas soy más intuitivo que otra cosa. Me dejo llevar mucho por la intuición y la improvisación cuando ruedo. Así que supongo que el resultado final que queda en la pantalla es una suma de ambas formas de ver la vida y el cine.

–¿CÓMO TRATAN LOS FESTIVALES DE CINE QUE SE CELEBRAN EN CANARIAS AL CINE QUE SE HACE EN LAS ISLAS?

–De manera totalmente secundaria. Siempre hay una sección oficial, con mejores premios, mejores prestaciones, y luego una sección canaria, con peores premios. Incluso hay casos de festi-

vales canarios que en su momento eliminaron la sección canaria, y con el tiempo la han reincorporado, pero siempre manteniendo el carácter secundario entre ambas secciones. No hay
ningún festival, al menos que yo sepa, dedicado en exclusiva al
cine canario. Es preocupante, ya que normalmente esos festivales se pagan con dinero público de instituciones canarias. Además, es paradójico que las sesiones de cine canario se llenan en
esos festivales, mientras que la sección internacional con cortos
irlandeses, franceses, vietnamitas e iraníes suelen estar desiertas.
¿Por qué? Por lógica geográfica. Los cortos canarios arrastran a
la gente del mundillo a la sala, y por extensión a nuestras novias,
amigos, padres y bueno, también a un grupo muy reducido de
espectadores desvinculados.

−¿HAN CONTRIBUIDO A DINAMIZAR AL SECTOR LOS RODAJES NA-
CIONALES Y EXTRANJEROS QUE SE RUEDAN EN EL ARCHIPIÉLAGO?

−No lo creo. Salvo excepciones (algunos actores en papeles
muy secundarios o figuración), lo normal es que las productoras
se traigan de fuera todo el equipo creativo, y aquí se aprovechen
de mano de obra barata sin cualificación artística. Suelen contratar empresas canarias para que les hagan el *service*, y éstas lo
que necesitan son auxiliares de producción. Traducido: *runners*,
drivers, gente para que corten las calles con vallas, poco más. Estas personas se llevan un sueldito, pero su actividad no tiene
nada que ver con el cine ni con el arte. Ni siquiera se asoman al
set. Es una labor que podrían aplicar a cualquier otro sector. Ir
a buscar gente al aeropuerto, repartir el *catering*... Si alguien
desde alguna institución me dice que eso es mejorar el sector
audiovisual tendrá que demostrármelo. Si al menos la rebaja fiscal que se les hace a los de fuera, (que al fin y al cabo es una
forma de subvencionarles ya que ese dinero que no pagan iba a
ser dinero en teoría de todos nosotros) redundara económica-
mente de alguna manera en el sector audiovisual canario, podría
entenderlo. Pero no es así, hasta donde yo sé.

FILMOGRAFÍA

CORTOMETRAJES:

Autorretrato (2002).

Princesa (2003).

Hanna después del tiempo (2005).

Los pechos de Paula (2009).

Cerca del Mar (2010).

En el lago azul (2010).

Madrid sin ti (2010).

Rota (2011).

El último plano (2012).

Ángeles (2012).

Una puta crítica (2012).

Las ovejas nunca vienen solas (2012).

Mirando hacia atrás (2013).

Nadie (2014).

Amanecer (2016).

La Otra (2016).

Tres veces Eva (2017).

La Muñeca Rota (2017).

Como Agua Sucia (2018).

El Zoo de Papel (2018).

Viajeros (2019).

Sinfonía Callejera (2020).

Playing Cyrano (2020).

Madres (2021).

La leve historia del cine (2022).

Fauna (2023).

LARGOMETRAJES:

Crónicas del Desencanto (2014).

Los Días Vacíos (2015).

«LA TELEVISIÓN CANARIA NO MIMA AL CINE CANARIO»

IVÁN LÓPEZ

Iván López, como la mayoría de los protagonistas de este libro, ha dirigido películas de ficción como documentales, géneros en los que ha sabido buscar acomodo y expresar muchas de sus inquietudes. Es director de una película de ficción notable, *Platón*, que juega mucho con el paisaje, en este caso el de Tenerife, y como director de documentales presenta ahora *Quesada: La verdad del silencio* sobre Javier Fernández Quesada, estudiante de 22 años asesinado en la ciudad de La Laguna por la Guardia Civil el 12 de diciembre de 1977.

‒¿CÓMO TERMINA DIRIGIENDO PELÍCULAS?

‒Entré tarde en esto de hacer películas. Empecé viendo mucho cine de aventuras. Mi abuelo me ponía películas clásicas y a partir de ahí me fui enamorando del cine. Cuando cumplí 26 años la vida me puso en un momento en el que había perdido un trabajo y una novia. Entonces me compré una cámara y así empecé. Por aquel entonces me encontraba en el Instituto de

Estudios Hispánicos de Puerto de la Cruz y me hice cargo de la sección de cine. Empecé a organizar Cinefórum y tuve la suerte de que vino una expedición de Cuba a exponer una serie de documentales y ahí surgió la idea de ir a exponer en La Habana. Y fui con 27 años con mi primer corto. Vi cómo los realizadores de Cuba hacían maravillas con pocos medios. Y vine con esa idea y ahí surgió mi intención de hacer cine hasta hoy. Fui mejorando y evolucionando hasta la fecha.

–EXPLOTA MUCHO EL PAISAJE EN SUS PELÍCULAS. ¿QUÉ TRATAMIENTO LE QUIERE DAR?

–El paisaje es una escena narrativa, una puesta en escena. No utilizo el paisaje como postal, sino que le doy valor narrativo. Lo he hecho mucho en mis cortos, dando valor al ambiente urbano, sobre todo nocturno. Sitúo a los personajes en entornos muy urbanos. Siempre he sido de historias muy urbanitas, sobre todo de la zona metropolitana Santa Cruz-La Laguna. La avenida de La Trinidad la he usado en muchas de mis películas porque guarda ese aspecto ochentero y noventero que a mí me gusta mucho. En 2012, en plena crisis económica, rodé el cortometraje de 13 minutos *Condenable*. Ahí el paisaje tiene mucho valor. A los personajes los sitúo en una zona portuaria abandonada y en el ámbito urbano de La Laguna. El paisaje lo uso en ese sentido. En el caso de *Platón* voy un paso más allá. La primera parte transcurre en zonas abandonadas como el hotel Neptuno y otras dentro de la propia urbe. En la segunda parte nos vamos al sur de la isla para buscar zonas desérticas.

–¿A QUÉ LE DA MÁS PRIORIDAD, A LA HISTORIA O A LA IMAGEN?

–Empecé dándole mucha más prioridad a la imagen, pero con el tiempo me he centrado en la historia. Sobre todo me he convertido en un director de actores. Baso las historias en los personajes sin duda alguna.

–¿Reconoce que hay constantes en sus películas?, ¿hay elementos recurrentes en sus filmes?

–La cadencia del ritmo de mis películas es lenta. Monto mis películas como un diapasón. Algunos de mis cortos duran hasta 30 minutos. Las temáticas que uso en mis películas tienen que ver casi siempre con la incomunicación y el uso recurrente de los actores como piezas fundamentales.

–¿Tenemos en Canarias rasgos que nos caracterizan?

–Tenemos la sensación de sentirnos aislados al tener que salir constantemente en un avión. El aislamiento lo tenemos en común y esa es la manera de verlo independientemente de la isla en que vivamos. No soy mucho de fijarme en los rasgos canarios. Quiero hacer películas en Canarias que puedan verse en cualquier parte del mundo y que aporten la singularidad que tenemos en Canarias.

–¿Qué ha cambiado en el cine que se hace en Canarias?

–Antes de contestar, me ha venido a la cabeza esto: es curioso pero no todos los cineastas de Canarias hemos ido a otras islas. Muchos ruedan en su isla y no van a contar su historia a las demás.

En cuanto a lo que ha cambiado, la revolución digital ha hecho que se incremente la cantidad de personas que quiere hacer cine para contar historias de aquí. Y hay muchas historias increíbles en Canarias que podemos exportarlas a raíz del alto consumo de redes sociales.

–¿Tiene algún proyecto en la cabeza? ¿Va a volver a la ficción?

–Acabé muy cansado de la ficción porque me costó muchísimo sacar la película y me generó un cuadro de ansiedad. Entonces volví al documental. Tengo formación periodística e histórica y se me da muchísimo mejor la realización de documentales y he disfrutado mucho en el proceso. También soy muy fan de la ciencia ficción, pero me da un respeto enorme. He encontrado una historia en esa clave y es otro de mis proyectos. Por otro lado y durante el confinamiento escribí una historia que trascurre en un 70 por ciento en una habitación de un hotel. Mis proyectos por ahora son dos películas de ficción y muchos documentales.

–¿SERÍA CAPAZ DE REALIZAR UN DIAGNÓSTICO DEL SECTOR CINEMATOGRÁFICO EN CANARIAS?

–Es un debate complejo y una pregunta muy extensa. Creo que estamos en el mejor momento que hemos tenido nunca a nivel industrial porque mucha gente ha cumplido su sueño de trabajar en grandes producciones. Ahora bien, por otro lado está la parte de los creadores. Y es tremendamente difícil. Hay que competir para sacar los proyectos adelante. Solo pude conseguir una subvención del Gobierno de Canarias para *Platón*. El resto lo he hecho yo y las personas que me han ayudado. El público canario desconoce a sus cineastas.

–¿QUÉ HARÍA PARA MEJORAR LAS POLÍTICAS PÚBLICAS DE APOYO AL CINE?

–Primero diferenciar el cine que busca el Gobierno de Canarias, que es el de creación de empleo y diversificación de la economía, que me parece perfecto, del cine de autor, que también es un proyecto cultural porque estamos documentando un período histórico, que es súper importante. Hay que diferenciar la industria de este otro tipo de cine. Y la política de la Televisión Canaria debe cambiar. La Televisión Canaria no mima al cine canario.

–¿CUÁLES CREE QUE SON LOS PROBLEMAS MÁS GRAVES ANTE LOS QUE SE ENCUENTRA EL CINEASTA CANARIO?

–La falta de financiación. Estamos hablando de gente de la talla de David Cánovas o Fran Casanova que afrontan odiseas para conseguir financiación, y esto no puede ser. No hay conciencia de lo que hacemos aquí. Se nos da poco valor. Sobre todo, hay una fractura. No hay unidad para que todos podamos beneficiarnos. Unos se pisan a otros y cada uno hace la guerra por su cuenta. Deberíamos potenciar una academia de cine canario. Hay material para crear esa institución.

–¿QUÉ ESTRATEGIA ES LA ADECUADA PARA GENERAR MAYOR INTERÉS EN EL CINE QUE SE HACE EN LAS ISLAS?

–Promoción pura y absoluta y bien hecha para llegar a todo el público.

–¿CÓMO TRATAN LOS FESTIVALES DE CINE CANARIO A LAS PRODUCCIONES QUE SE HACEN EN LAS ISLAS?

–En ese aspecto estamos un poco más cubiertos. En el Festival de Las Palmas entran pocos pero entran. El de Lanzarote hace gala de eso y el de La Orotava también. En general, nos tratan bien. Son de las pocas ventanas que tenemos.

–¿HAN CONTRIBUIDO A DINAMIZAR EL SECTOR LOS RODAJES NACIONALES Y EXTRANJEROS?

–Sí. Fruto de ello mucha gente con la que he trabajado está completamente ocupada y me alegro. Pero a mí no me obsesiona vivir de esto. Yo solo quiero hacer películas.

FILMOGRAFÍA

CORTOMETRAJES:
Philia (2005).
La mudanza (2006).
Dueños de una esperanza (2007).
Tras las huellas de Ágatha (2007).
Vida Perra (2009).

Este-Oeste (2009).
Efímeros (2009).
Love (2009).
Sueños mágicos en una mañana de armónicos (2010).
Mientras Anochece (2010).
La armonía del caos (2010).
Odio los lunes (2010).
El Resultado (2011).
Cosas que Olvidamos (2011).
Vulnerables (2012).
El Mundo está en otra parte (2012).
Dans Ma Station (2012).
Tú x mi (2013).
Un viaje al infinito (2014).
Golosinas (2014).
Náufragos (2015).
Las Tormentas son para el verano (2015).
Smoking Break (2017).
Sed (2019).
First Love (2020).
Arderéis en el Infierno (2024).

LARGOMETRAJES:

Clandestinos Fronteras en el mar (2007).
Platón (2018).
Another part of me (2023).
Quesada: la verdad del silencio (2024).

«LA TELEVISIÓN CANARIA DEBE INVERTIR EN CINE CANARIO»

FÁTIMA LUZARDO

Actriz y cineasta, la mirada de Fátima Luzardo está muy vinculada al territorio urbano en el caso de *La nada cotidiana*, su primera experiencia en el campo del largometraje, y película en la que se detectan algunas de las preocupaciones que revela su cine. Un cine que transita por la ciudad, lo rural y bucea en la memoria histórica. La cineasta le debe mucho al teatro, una influencia que, según algunos, explota también en sus películas.

–¿CUÁNDO SE DESPIERTA EN USTED SU AFICIÓN POR EL CINE?
–A los ocho años creaba pequeñas obras de teatro y títeres que representaba en mi barrio y con el «tomavistas» de mi padre imaginaba que hacía «mis películas». Recuerdo también la primera vez que él me llevó a su laboratorio de fotografía. Aquellas imágenes que aparecieron en el papel blanco me parecieron algo mágico. A mediados de los '70, con 14 años, me apunté a las sesiones de Cinefórum del Cine-Club Borja en el cine del Colegio San Ignacio de Loyola en Las Palmas y descubrí que había otro cine

distinto al comercial de aquella época. Me parecía que con las imágenes (cine y fotografía) se podía entrar en otros mundos.

Luego, tras estudiar arte dramático y numerosos cursos sobre cine y fotografía y habiendo trabajado profesionalmente en teatro y principalmente como actriz en cine y televisión, fue surgiendo la idea de escribir y dirigir. Estudiar historia del arte y participar en proyectos educativos y pedagógicos de cine me impulsó todavía más. Mi pasión por el cine y el teatro nace de una necesidad. Es una de las cosas que más feliz me hace.

–¿CÓMO REFLEJA LAS ISLAS EN SUS PELÍCULAS?

–En *La nada cotidiana* (2013) la ciudad aparece como un personaje más. Hablo del paisaje urbano porque es mi hábitat, inspirada en aquellas sinfonías de ciudades de las vanguardias de autores como Vertov, Ruttmann, Strand, Ivens, etc... Con los sonidos que la propia metrópoli produce como un personaje más, y que junto a los estados emocionales de los personajes van construyendo este puzle, que transita entre realidad y ficción. Trabajo con no actores, pero también con actores profesionales. Porque me interesa contar lo real. En esta película se habla árabe, inglés y español con nuestro acento canario. Que me encanta escuchar en cine. La película, rodada entre Tenerife y Las Palmas, funcionó muy bien en Matadero Madrid o en la Muestra de Cine Europeo de Segovia, por citar algunas proyecciones, el público conectó tanto con el habla canaria como con la historia. Esa es la fuerza que tiene el cine, que es universal.

En *Más Allá* (2020), una pieza que hice para Visionaria, por el contrario, me centro en el mundo rural. Con la consigna «ultra periferia» y rodado en el Macizo de Anaga, intento establecer una relación sobre este concepto de Canarias a través de la mitología y la historia.

En *Todo el mundo habla de Javier* (2022) trato sobre un tema de la memoria histórica de Canarias. El asesinato de Javier Fernández Quesada, en el campus de la Universidad de La Laguna, por disparos de la Guardia Civil en diciembre de 1977. En el curso de una manifestación apoyando una huelga de trabajadores. Aunque tuve que investigar no lo abordo como un trabajo periodístico, ya hay material publicado al respecto. Como el interesante libro de Rosa Burgos, *Una bala que cayó del cielo*. Lo hago desde un punto de vista autobiográfico, el de una joven de 17 años que llega a la universidad un año después. Es un documental que se mueve en la fina línea de la realidad y la ficción. El cortometraje ha obtenido ya varios premios, tanto dentro como fuera de las islas.

–¿QUÉ ELEMENTOS DESTACARÍA DE ESTA REPRESENTACIÓN?

–Mi interés en investigar sobre lo fílmico y lo no fílmico, lo que a priori no parece atractivo filmar para una película, me lleva a situar las historias en los ambientes cotidianos del día a día. Lo que nos rodea. Hemos rodado en eventos reales no como telón de fondo, sino como realidades, construyendo conjuntamente elementos de ficción: procesiones de semana santa, hospitales, tranvía, exposiciones de arte, clases en la escuela de música, establecimientos de nuestro entorno o nuestras propias casas. Pero como algo que suma a la historia, que también cuenta por sí mismo.

Así como la cotidianidad en el mundo rural. Por ejemplo, el paisaje con cultivos o la ganadería es algo natural y cercano para nosotros en Canarias. Aunque me crié en la ciudad, estudié en La Laguna y estuve viviendo en la Vega Lagunera. Me rodeaban cultivos, gallinas, cabras, etc... Y me gusta que aparezcan en los filmes.

–¿CÓMO DEFINIRÍA EL CINE QUE HACEN CINEASTAS DE LAS ISLAS SOBRE SU PROPIA REALIDAD INSULAR?

–Aquí hay cineastas con un gran talento y otros que aún están por descubrir. Hay directores y directoras que están emergiendo. Y me gusta mucho el trabajo de todos ellos, me emociona, además, porque me llega y me reconozco. Y hay una diversidad que lo hace muy atractivo.

Desde el cine convencional al cine más experimental. Son muchas formas de mostrar. Algunos me cuentan historias de aquí o de allá y otros me hacen vibrar con sus propuestas. Todas interesantes.

–¿CREE QUE SOMOS UN ARCHIPIÉLAGO CON SEÑAS DE IDENTIDAD COMUNES?

–Por supuesto, pero no solo entre las islas. También tenemos cosas comunes con otros territorios. Luego estaría lo particular de cada uno que puede convertirse en aquello que lo hace diferente y por ello atractivo al espectador de cualquier parte del mundo. El acento canario y su vocabulario es uno de ellos, por ejemplo.

–¿PODRÍA DIAGNOSTICAR AL SECTOR CINEMATOGRÁFICO Y DE LA CREACIÓN CINEMATOGRÁFICA EN CANARIAS?

–Está emergiendo un cine que ya empieza a ser reconocido fuera de aquí en festivales importantes. Ahora falta que ese impulso no se pare.

–¿QUÉ MEJORARÍA DE LAS POLÍTICAS PÚBLICAS DE APOYO AL CINE?

–Hay que hacer una estrategia desde varios frentes. Además del económico, aumentando la cuantía porque no son suficientes hay que hacer más accesibles estas ayudas a una diversidad de cineastas. Y brindar oportunidades. Propiciar circuitos de exhibición dentro y fuera de las islas. No se trata solo de acudir a festivales, es necesario además que se vean las obras en salas, con una programación estable. Y familiarizar al público con ellas. Para que el espectador consuma este cine y encuentre en ello un producto cultural y de ocio que le satisfaga. Tenemos salas como el Espacio de La Granja o el Teatro Guiniguada por ejemplo, en las capitales de provincia. Sin olvidarnos de las otras islas. Y aprovechar a los cineastas que puedan presentar sus películas al público, como ya hacemos en algunos lugares para ofrecer una actividad cultural más atractiva y cercana al espectador.

La Televisión Canaria debe invertir en cine canario. No solo en un cine más o menos convencional y popular, como ellos mismos me han dicho en las reuniones que hemos tenido, sino en un cine más plural. No solo documentales-reportajes y programas de entretenimiento, etc. Debe invertir en cine y series, pero en muchas. Es la única manera de crecer y llegar a crear escuela.

–¿CUÁLES SON LOS PROBLEMAS MÁS GRAVES ANTE LOS QUE SE ENCUENTRA EL CINEASTA CANARIO Y/O RESIDENTE EN LAS ISLAS?

–La insularidad, lo lejos que estamos del continente, al igual que las compañías de teatro no tienes esa conexión con el exterior. Y el que aquí no haya una industria, más que pensada para las producciones externas. En realidad son esas producciones las que salen ganando, pues los incentivos fiscales y los sueldos más bajos hacen que sea más barato rodar aquí. Pero creo que no hay una conciencia mayoritaria de industria para las producciones de aquí, salvo excepciones, claro.

–¿QUÉ ESTRATEGIAS SON POSIBLES PARA GENERAR UN MAYOR INTERÉS EN EL CINE QUE SE HACE EN LAS ISLAS?

–Ante todo poner en valor al cine canario. Desde todos los frentes. Educar la mirada al espectador y trabajadores del sector cultural, que también es importante. Debemos pensar que los jóvenes son nuestros espectadores del futuro. Así que hay que enseñarles que existe un cine de aquí tan importante como cualquier otro. Y que el cine es mucho más que las películas del circuito comercial de entretenimiento. Al menos que sean conscientes de lo que consumen.

Yo llevo años trabajando en programas educativos de este tipo, pero aún son pocos o algunos ya no han tenido continuidad. Hay que abordarlo con mucha más fuerza. Cuando realizo charlas de cine con los centros educativos les pregunto si conocen películas canarias y no saben decirme ninguna. Algunos hasta se extrañan de que existan.

Luego está la Televisión Canaria, que debe contribuir a mostrar nuestro cine y hacerlo todo el año. Porque es la televisión pública y la realidad es que hay creadores canarios que hacen cine dentro y fuera de las islas. En muchos estilos y variados temas. No solo tiene que ver con la cultura popular canaria. Una programación más estable contribuiría muchísimo a normalizar esa realidad más que poner unas pocas películas en mayo y a horas que casi nadie ve. Tendría que haber una cuota de pantalla en ese sentido. Recuerdo cuando se inauguró la televisión autonómica, todos los profesionales estábamos muy contentos y expectantes. Luego llegó la desilusión.

–¿QUÉ TEMAS, QUÉ PREOCUPACIONES, TRATA EN SU CINE?

–Mis proyectos son muy personales, con elementos autobiográficos. Cuando creas algo siempre te expones. Se mezclan siempre mis obsesiones, mis miedos, lo que me hiere. Me obsesiona la existencia misma, las ausencias, las distancias, la muerte... Y las injusticias, los abusos de poder.

Me interesa hablar de la realidad a mi alrededor, la percepción que tenemos de los lugares por los que pasamos cada día. Y me interesa mucho las maneras de mirar. Y las cosas que no están a simple vista. La experiencia sensorial de las imágenes y los diferentes significados que pueda extraer de sus capas. La relación entre cine y las artes plásticas o la fotografía también es importante para mí. De hecho, concibo el cine como arte.

También he indagado en temas de forma más experimental para reflexionar sobre el rol de la mujer en la industria del cine, por ejemplo, o la violencia machista.

En *La nada cotidiana* se trataba la inmigración desde el punto de vista integrador, no necesariamente dramático, aunque pueda doler estar lejos de tus raíces. Alejada de la idea de que si eres inmigrante africano en Canarias te has de relacionar directamente con las pateras. Que es un gran problema y que quizá me gustaría abordar tarde o temprano.

Nunca sé cómo voy a abordar un nuevo proyecto hasta que lo acometo. Los temas siempre nacen de una pregunta. Y entonces pienso si el resultado final se parecerá a lo que imaginé antes de empezar.

–¿SE CONSIDERA UNA CINEASTA INTUITIVA O REFLEXIVA?

–Supongo que soy más intuitiva. Aunque a veces conjugo ambas, me parece a mí. Imagino el filme enteramente en mi cabeza. Tengo capacidad de observación y obedezco a un ritmo y a una disciplina que me viene del teatro. Pero a veces me mueve la emoción y la empatía al tomar decisiones en cuanto a lo que estoy haciendo. Y en ocasiones la incertidumbre me impulsa a ser más creativa y dejo que el azar entre en juego.

–¿CÓMO TRATAN LOS FESTIVALES DE CINE QUE SE CELEBRAN EN CANARIAS AL CINE QUE SE HACE EN LAS ISLAS?

–Casi todos los festivales que se desarrollan en las islas prestan gran atención a las películas canarias, tienen una sección dedicada a ello. Contribuyen a dar visibilidad a los creadores de aquí. Mis obras han pasado por la mayoría de los festivales canarios y en varios casos obteniendo premios. Aunque el verdadero premio es que se seleccione y se difunda tu obra. Un festival es una verdadera fiesta para el cine, sea el que sea.

Este año colaboro como coordinadora del comité de selección con el de Cine Independiente y de Autor/a de Canarias (FIC INDIE) y se han inscrito una cantidad de películas impresionante. Ha sido un arduo trabajo realizar la selección de las diferentes secciones, incluida la canaria, por la calidad que tiene la mayoría. Por lo que aprecio muchísimo que mis piezas hayan sido seleccionadas en tantos festivales nacionales e internacionales sabiendo que algunos de ellos han recibido más de 1.000 películas.

–¿HAN CONTRIBUIDO A DINAMIZAR AL SECTOR LOS RODAJES NA-CIONALES Y EXTRANJEROS QUE SE RUEDAN EN EL ARCHIPIÉLAGO?

–Una cosa es el sector servicios para los rodajes de producciones externas y otra los profesionales y creadores canarios. Puede beneficiar a los equipos que están ubicados en Canarias en obtener trabajo y para algunos actores, que pueden optar la mayoría de las veces a pequeños papeles o solo a figuración. Para mí son anécdotas, aunque de forma colateral se puede aprender de forma práctica y esporádica como una escuela de la calle.

También tienen importancia las escuelas de cine y universidades que hacen una enseñanza reglada y con rigor. Porque te da una base. Pero el *duende* tienes que encontrarlo tú. Como más se aprende es viendo cine. Claro que tendrá que haber una «industria» canaria para desarrollar la profesión de los que salen de las escuelas. Lo importante es que las producciones canarias creen sinergias para trabajar entre ellos. El cine que se rueda aquí de las producciones externas no es cine canario. Supongo que esas productoras que se han equipado para atender la demanda externa tratarán de desarrollar también trabajos internos. A mí, no me ha influido, pero puede que a algunos jóvenes les despierte el gusanillo.

FILMOGRAFÍA

CORTOMETRAJES:

Añaza.
La esquina, cortometraje.
Yo sí puedo, cortometraje.
Más allá (2021).
Mujeres (2021).

Todo el mundo habla de Javier (2022).
Happy End (2023).

LARGOMETRAJES:

La nada cotidiana (2013).

«UN CANARIO ES UN CANARIO AQUÍ Y EN BERLÍN»

Dácil Manrique de Lara

El último arquero (2019) es un documental en el que se implica tanto física como emocionalmente su directora, la cineasta Dácil Manrique de Lara, quien cuenta en este trabajo la vida y la obra de su abuelo, el creador plástico Alberto Manrique, y de su abuela, la violinista Yeya Millares. El documental estuvo co-producido por La Mirada y contó en el guion con la colaboración de Andrés Koppel, director de *La raya* y del largometraje *La niebla y la doncella*.

–¿CUÁNDO SE DESPIERTA EN USTED SU AFICIÓN POR EL CINE?

–No hubo un momento concreto que supusiera realmente un antes y un después hacia mi afición por el cine, más bien fue paulatino. Tuve la suerte de crecer en un lugar donde lo normal era reunirse para ver películas en Súper8 de cintas familiares rodadas por mi abuelo, el pintor Alberto Manrique en las que la protagonista solía ser mi abuela Yeya, la violinista de los Millares. Aquellas proyecciones se convertían en reuniones familiares llenas de recuerdos, de anécdotas, de risas e historias de otro tiempo. Eran más de cuarenta y cinco películas filmadas donde las imágenes silentes y el sonido del proyector me atrapaban cada vez que las veía. A través de esas películas, pude conocer, en parte, la historia familiar y la de mis bisabuelos que me hicieron entender la vida de otra manera.

Esa afición por ver películas creció con la llegada del VHS y del Betamax. Creo que mi abuelo fue el mejor cliente de muchos de los videoclubs ubicados en Las Palmas que ya veíamos una película por día, eso significaba que veíamos 363 películas al año sin contar con las navidades que los reservamos para proyectar alguna película realmente surrealista hecha por nosotros mismos con cámara de vídeo, pero nunca pensé que me pudiera dedicar al cine realmente, no habían referentes femeninos en la dirección cinematográfica, en mi época solo se hablaban de hombres directores, hasta que vi los primeros anuncios ganadores de leones de oro en Cannes emitidos por el canal plus. ¡Aquello era otro lenguaje! Sinceramente, me voló la cabeza. Por aquel entonces era otra forma de narrativa cinematográfica, más abierta de la que había visto hasta entonces y más creativa también. Ahora ha cambiado mucho de lo que era, pero aquellos primeros anuncios rodados por grandes directores y directoras, me parecieron algo que podría estar más alcance que las grandes producciones cinematográficas, o al menos eso pensé yo. Fue ahí cuando me dije por primera vez: «esto lo quiero hacer yo», pero la verdadera afición al cine fue paulatina y de hecho, nunca ha parado de crecer.

–¿CÓMO REFLEJA LAS ISLAS EN SUS PELÍCULAS? ¿CUÁL ES SU RELACIÓN CON EL PAISAJE? ¿QUÉ IMPORTANCIA LE DA?

–Cada vez le doy más importancia al paisaje propio, el de mis raíces, al tipismo y la etnografía canaria, a lo autóctono, al origen. Pasé mucho tiempo fuera de las islas, casi veinticuatro años. Ese largo tiempo me ayudó a darme cuenta de que había una parte importante de mí que había dejado atrás para vivir la capital y lo que las grandes ciudades me ofrecían, así que casi como una necesidad, comencé a grabar a mis abuelos en cada visita a la isla. Más tarde me di cuenta de la influencia que tuvo en mí aquellas películas Súper8. De alguna manera, yo estaba haciendo lo mismo, captar a la familia, la isla y sus historias. Cuanto más indagaba en el pasado más sentido cobraba contar la memoria de las islas.

–¿QUÉ ELEMENTOS DESTACARÍA DE ESTA REPRESENTACIÓN?

–Si te refieres a las islas y a su paisaje, diría que los barrancos, la orilla, los volcanes, la desnudez de la tierra seca, los cascos antiguos y los pueblos, los barrios y su gente, sus historias, la cultura canaria.

–¿CÓMO DEFINIRÍA EL CINE QUE HACEN CINEASTAS DE LAS ISLAS SOBRE SU PROPIA REALIDAD INSULAR?

–Cuando es sobre su propia realidad insular lo llamaría llanamente cine propio.

–¿CREE QUE SOMOS UN ARCHIPIÉLAGO CON SEÑAS DE IDENTIDAD COMUNES?

–Absolutamente afirmativo. Un canario, es un canario aquí y en Berlín.

–¿SE VE CAPAZ DE ESTABLECER UN DIAGNÓSTICO DEL SECTOR CINEMATOGRÁFICO Y DE LA CREACIÓN CINEMATOGRÁFICA EN CANARIAS?

–Establecer un diagnóstico es complicado sin realmente conocer bien todos los frentes y dialogar con las distintas realidades que se establecen en las islas. Uno ve lo que tiene más cerca y oye o lee lo que tiene más lejos y aunque informarte hoy en día no es difícil a través de informes como los que se hacen sobre el sector audiovisual en las islas canarias, no me atrevería a realizar un diagnóstico preciso porque no soy analista. Podría dar una opinión quizás vaga sobre lo que me llega y lo que veo. El sector audiovisual viene adquiriendo gran importancia económica dado el fuerte crecimiento de su demanda, y como consecuencia, una fuerte influencia directa e indirecta sobre el resto de los sectores en las islas. Hoy en las islas hay varias empresas productoras, varias empresas de servicios para la producción tanto cinematográficas como de animación y videojuegos, varias distribuidoras, también tenemos la televisión canaria. En el año en el que me fui no había prácticamente nada de eso, además también tenemos festivales de cine y de documental que promueven el mercado, la muestra de películas locales, nacionales e internacionales no comerciales, los institutos y universidades de cine por ende más profesionalización del sector, más técnicos, más directores, más cine canario también. Desde luego ha crecido mucho en los últimos años pero el cine es una industria que cambia muy rápido así que siempre hay que estar al día y seguir mejorando aspectos del sector audiovisual, de la creación y de casi todo lo demás en realidad.

–¿QUÉ MEJORARÍA DE LAS POLÍTICAS PÚBLICAS DE APOYO AL CINE?

–No estoy al tanto de las últimas políticas ya que ahora mismo estoy en una fase muy embrionaria de proyectos tratando más el proceso de creación que de obtener ayudas y por ende no conozco las mejoras que se hayan podido hacer en los últimos dos o tres años, pero sí me consta por experiencias recientes y pasadas que los laboratorios de desarrollo de proyectos o de desarrollo de guion son francamente importantes para direccionar y dar empuje al cine español en general y creo que estos deben ser reforzados en las dinámicas de trabajo y en el enfoque en cuanto al género ya que cada película es un mundo y las ayudas públicas se rigen por estándares que muchas veces parecen no entender demasiado la profesión ni estar cerca de ella y esto último me parece un aspecto determinante.

–¿CUÁLES SON LOS PROBLEMAS MÁS GRAVES ANTE LOS QUE SE ENCUENTRA EL CINEASTA CANARIO Y/O RESIDENTE EN LAS ISLAS?

–Los problemas más graves para mí son la educación o la formación y la descompensación o el desequilibrio que suele existir en el sector entre oferta y demanda laboral. Un ejemplo sería cuando se juntan varias producciones o *services* en las islas y faltan buenos técnicos o con suficiente experiencia para abastecer a todas las producciones. También es grave la falta de material técnico, muchas veces hay que pedir a la península cosas y pueden tardar varios días o semanas en llegar si es que llegan a traerlo, así como la falta de colectividad con idea de construir un tejido para la existencia de la producción puramente local, podría contar muchas anécdotas...

También la poca o inexistente presencia de buenos espacios para proyectar películas de autor o cine local, así como de películas en versión original y una filmoteca con buenas condiciones de proyección y de acceso a material de archivo entre otros.

–¿QUÉ ESTRATEGIAS SON POSIBLES PARA GENERAR UN MAYOR INTERÉS EN EL CINE QUE SE HACE EN LAS ISLAS?

–Hacen falta buenas distribuidoras, buenos planes de distribución estratégico, artístico y empresarial y más apoyos a la distribución, así como también hacer buenas películas. Estas creo que son algunas posibles claves para generar mayor interés en el cine que se hace en las islas.

–¿QUÉ TEMAS, QUÉ PREOCUPACIONES, TRATA EN SU CINE?

–Sobre la memoria, sobre la capacidad que tiene el arte para transformar, sobre la fragilidad y la resiliencia también.

–¿SE CONSIDERA UNA CINEASTA INTUITIVA O REFLEXIVA?

–Ambas.

–¿CÓMO TRATAN LOS FESTIVALES DE CINE QUE SE CELEBRAN EN CANARIAS AL CINE QUE SE HACE EN LAS ISLAS?

–Creo que se le da importancia y también se le da el espacio y ambos aspectos son importantes, pero a mi parecer se sectoriza demasiado. El cine, sea de aquí o de Pekín, es igualmente cine y sectorizar el cine canario es en algunos casos delimitarlo a una sola región.

–¿HAN CONTRIBUIDO A DINAMIZAR AL SECTOR LOS RODAJES NACIONALES Y EXTRANJEROS QUE SE RUEDAN EN EL ARCHIPIÉLAGO?

–Afirmativo rotundo.

FILMOGRAFÍA

El primer documental de Dácil Manrique de Lara fue un corto documental titulado *Mestisay. Canciones del Sur*. Ha estado en Secciones Oficiales a Mejor Videoclip en festivales como SICAF (Corea), Animamundi (Brasil) y Festival de Málaga con *Sencilla Alegría*, de Luz Casal. Su videoclip *Ella Baila Bembe*, de Amparanoia obtuvo el premio al Mejor videoclip International en MediaFest. También ha obtenido el Oro a la mejor dirección de actores FIAP con *Bujía*. En 2008 fue seleccionada para ser incluida en la revista *DVD SHOT* (Londres) en la sección «The Best Young Directors» con el *spot Sardinas*. También es montadora y guionista del documental *Nawja*. Gira 2006 para Warner Music y del largometraje documental *Dreams Behind the Wall* (2015). *El Último Arquero* (2019) es su primer largometraje de no ficción como directora, guionista y coproductora. En 2023 presenta el documental *Lola Massieu*.

«ME GUSTA EL CINE, PERO NO A CUALQUIER PRECIO»

Estrella Monterrey

Estrella Monterrey es una cineasta forjada en la tierra y muy unida a un territorio, como es el de la isla de La Palma. Codirectora junto a Dailo Barco de *Viudas blancas*, un documental que despierta conciencia y en el que se reivindica el papel que muchas mujeres asumieron en unos tiempos difíciles que marcan aún a la sociedad canaria. La cineasta ha trabajado además en otras experiencias, como *El barranco*, en el que junto a otras cineastas reflexiona sobre la novela de Nivaria Tejera.

–¿Cuándo se despierta en usted el interés por el cine?

–Me crie en el Paso y en aquella época no había salas de cine en la localidad y en casa solo teníamos una televisión pequeña. Tenía relación con la literatura. De hecho, la biblioteca pública era mi única relación con la cultura. Cuando cumplí los catorce o quince ya me dejaban ir al cine en Santa Cruz de La Palma y en La Laguna, donde vine a estudiar Sociología, empecé a ir más con mi hermano, que es un apasionado del cine y fue él quien me abrió esa puerta. Cuando terminé la carrera hice un trabajo sociológico y me dijeron que tenía que grabar a las personas. Tuve la oportunidad de grabar a las mujeres de mi alrededor. Ahí fue cuando el lenguaje del vídeo me pareció interesante. Me gustaba grabar entrevistas, que tienen un atractivo brutal porque ofrecen una pureza y un discurso que necesitamos escuchar. Después de hacer ese trabajo me interesaba la relación de Canarias con Venezuela porque mi padre nació en Venezuela y mis abuelos fueron emigrantes y ese tema estuvo ahí siempre en mi familia y ahí salió *Viudas blancas*.

–¿CUÁL ES SU DISCURSO EN TORNO AL TERRITORIO, EL PAISAJE?

–A mí me marca la isla. Soy una persona muy centrada en la isla, en el sentimiento isleño. Es mi fundamento sea cine, sociología o política porque nos marca nuestra forma de ser. Ser isleña está presente en todo y define la personalidad. En el cine quizá menos, aunque a partir del 2000, con la digitalización, noto más las características de lo isleño en el cine canario, miradas que ahora están pegando con mucha fuerza. Nuestro territorio es mi preocupación principal. El cine, aunque lo enfoque en una persona esa persona también es territorio. La historia del personaje forma parte del territorio en el que vive.

–¿Y CÓMO CREE QUE AFECTA VIVIR EN ESTE TERRITORIO?

–Vivir en una isla marca la personalidad de la gente. El propio paisaje. Soy muy fanática de los planos cortos y el detalle exagerado, aunque me estoy desprendiendo de ello y me estoy abriendo al paisaje y al plano abierto, eso marca la vida cotidiana, el tiempo, el ritmo, la forma de hablar... Es importante respetar ese tiempo lento, esa forma de hablar para reflejar la personalidad. En *Viudas blancas* intentamos que las mujeres se tomaran su tiempo y si bien hay personas cuyas entrevistas resultan largas se hizo así para que se apreciara el tiempo en el que esas personas se mueven. No podemos reflejar el tiempo en una película, pero sí la esencia de ese tiempo.

–¿CÓMO APARECE *VIUDAS BLANCAS*?

–Grabando a todas esas mujeres para el trabajo de Sociología y como mantenía una gran relación con este asunto surgió la oportunidad de hacerlo y lo hicimos. Es un tema importantísimo, un tema oculto que no está reconocido y que está dentro de la intimidad de las casas, y es territorio. *Viudas blancas* es historia de Canarias por eso una cronista de Los Llanos escribió algunos artículos sobre este tema y una periodista de TVE intentó realizar una película, pero no salió. Y nosotros cogimos el testigo, nos lanzamos casi sin presupuesto a hacer esta película porque estas personas tienen ya una edad, lo que nos empujó a contar sus historias antes de que esas mismas historias desaparezcan con ellas.

–¿Y QUÉ LE PARECE LO MÁS EMOCIONANTE DE ESTE DOCUMENTAL?

–Que fuimos las primeras espectadoras de sus historias. Presenciar cómo una persona que nunca se ha sentado delante de una cámara nos confía su relato fue algo maravilloso.

–¿CÓMO LOGRARON QUE ESTAS PERSONAS HABLARAN?

–Creo que ellas tenían ganas de hablar. Primero fuimos sin cámara y conversamos con ellas. Tenían ganas de contar su historia. Ellas se reconocen por lo que esta película es de ellas, lo que para mí es el premio más grande. De hecho, en Los Llanos de Aridane se le puso a una calle el nombre de *Viudas blancas* por una decisión de participación ciudadana para cumplir con la Ley de Memoria Histórica.

–¿SER MUJER HA SIGNIFICADO UN *HÁNDICAP* EN SU CARRERA COMO CINEASTA?

–Depende de dónde te muevas. Sobre todo, en la parte técnica hay una cierta desconfianza, en especial cuando diriges a personas que son más experimentadas. Esa relación tiene cierta complejidad porque a mí me gusta que me traten con igualdad igual que yo trato con igualdad a todo el mundo. Procuro en mis trabajos rodearme de mujeres, pero no todos están dispuestos a confiar en ti cuando diriges, sobre todo cuando la que dirige soy yo, que vengo de los márgenes de la cultura.

–PERO LAS COSAS ESTÁN CAMBIANDO.

–La era digital ha traído una democratización al sector audiovisual. Personas que nunca habían tenido la oportunidad de hacer cine ahora pueden hacerlo y aportan una riqueza de miradas muy fuerte.

–¿QUÉ ES EL PROYECTO DE *EL BARRANCO*?

–No solo quiero hacer cine, sino empujar a personas que tienen talento y darles una oportunidad. A las mujeres les cuesta mucho más sacar sus proyectos por el patriarcado, aunque estemos avanzando en igualdad. En cuanto a *El barranco*, *El barranco* es territorio y una historia de la Guerra Civil que se desarrolla en La Laguna, Tenerife, Fyffes y tiene una gran riqueza. El proyecto consistió en localizar a seis cineastas y cada una hizo una interpretación muy personal de la novela *El barranco* de Nivaria Tejera. Se tratan de piezas experimentales donde cada una de las cineastas expresan lo que piensan y sienten por el libro. Es una mirada poliédrica de la obra a través del audiovisual. El resultado de lo que creamos tiene sentido verla en directo. Verla en un lugar donde está la persona que interpreta todo el acto y donde al final se le da al público el libro. Me gustó mucho este formato. Luego hice una pieza de este trabajo: *Tanque abajo*. Es un lugar de La Laguna donde está la cárcel antigua. He hecho también publirreportajes, que es otro lenguaje. Me gusta experimentar. Incluso con drones. No hay que cerrarse.

–¿HA RODADO FICCIÓN?

–Sí, hice un corto de ficción. Dije que no lo haría pero cuando lo hice me gustó mucho la experiencia porque cuando me ofrecieron realizarlo los del centro de interpretación de El Tendal, que querían hacer un corto sobre los antiguos, decidí realizarlo por curiosidad. Y me gustó mucho la experiencia. Me gusta el cine de Aki Karusmäki, y la interpretación que hacen los actores en su cine encajaba bien en esta película porque me gusta la interpretación contenida. Y lo probé en este trabajo que se centra en cómo los elementos de la naturaleza influyen en la personalidad.

–DICE QUE LE INTERESA EL CINE DE ENSAYO.

–Sí, me gusta mucho el cine que hace Agnès Varda y Óscar Alegría que ha hecho algunas películas que me tocaron y sigo mucho su trabajo. La idea de ir tomando planos con el móvil o con la cámara y luego ir cosiendo historias es fascinante para mí. Y eso fue lo que hice en la pieza de *El barranco*.

–¿QUÉ VALOR TIENE PARA USTED *EL BARRANCO*?

–Las islas son barranqueras. Nuestros barrancos son nuestras venas.

–¿SE CONSIDERA UNA CINEASTA INTUITIVA O REFLEXIVA?

–Soy muy intuitiva. Silvia Navarro decía que a ella le gusta el cine para pensar pero a mí me gusta para sentir. La intuición es lo que hace que me lance por el barranco.

–¿Y A QUÉ LE DA MÁS IMPORTANCIA, A LA HISTORIA O A LA IMAGEN?

–Le doy más importancia a la historia aunque no sé cómo seré dentro de unos años y ahora que estoy dedicada a cultivar la tierra y a aprender otras cosas creo que estoy empezando a aprender otra forma de narrar e incluso de estética, aunque no sea una estética limpia. Creo que estoy cambiando.

–¿ALGÚN NUEVO PROYECTO?

–Estamos trabajando en un formato híbrido, dos escritoras y dos directoras, pero vamos muy lentas porque no tenemos presupuesto.

–¿CREE QUE CANARIAS TIENE SEÑAS DE IDENTIDAD COMUNES?

–Cada barrio, cada pueblo, cada trozo de tierra es un mundo. Todo el archipiélago es un mundo. Somos cachitos de identidades y cada cachito es distinto.

–MUCHOS CINEASTAS CANARIOS MIRAN AHORA A SU TERRITORIO, LO QUE NO ERA COMÚN HACE UNOS AÑOS.

–Se están desacomplejando un poco, como pasa en la literatura. Las primeras personas que rodaron en Canarias filmaron su alrededor. Luego empiezan a hacer cuentos, documentales sobre su experiencia. En los años '70 se observa como una explosión y llega el Súper8 mm y la posibilidad de tener una cámara. Y ahí se va viendo la transición, el tema político, películas más críticas. Hay un corto que es una maravilla que se llama *La Mugre,* es sobre una señora que vive en un barranco. Hay que hacer algo con ese corto si me dan permiso.

Luego ya entramos en los '80 y '90 y más tarde aparece una nueva generación, gente que empieza a tener acceso a estudiar cine y a las cámaras, que cada vez son más baratas y con mejor imagen. Y aparecen personas que se centran en contar otras cosas. Pero pasa en la literatura también y en la música. En la cultura canaria en general. Dejamos de mirar hacia fuera y miramos hacia dentro siendo consciente de que estamos en el mundo.

–¿ESTABLECERÍA UN DIAGNÓSTICO DEL SECTOR?

–Primero está la industria, que tiene una parte de creación de empleo. No me gusta cómo tratan a veces a Canarias, solo como un plató, pero desde el punto de vista de nuestro territorio, del consumo que se hace con él y en el que nosotros somos solo los extras no sé hasta qué punto tendrá consecuencias. Me preocupa esta parte de la industria aunque la gente se sienta orgullosa de que el lugar en el que vive aparezca en una gran película. Por otro lado, creo que el sector audiovisual más independiente está fuerte. Se están sacando películas haciendo un esfuerzo descomunal. Yo misma lo siento. Han salido películas como *Rendir los machos*, de David Pantaleón, que es una maravilla. Es el reflejo de nuestro territorio y nuestra identidad.

–¿Y QUÉ MEJORARÍA DE LAS POLÍTICAS DE APOYO AL CINE?

–No me gusta nada la idea de *Islaventura*. Creo que el cine en Canarias tiene que descolonizarse del turismo. El turismo está por todas partes y en el cine pensamos por el turismo. Este tipo de proyectos son para promocionar Canarias y no para crear cine. Las políticas educativas también. Si no hay una escuela fuerte de formación no se está apostando por el cine, por la cultura y por el desarrollo de Canarias. Hay que invertir en capital humano.

–¿Y QUÉ ESTRATEGIAS RECOMENDARÍA PARA GENERAR CINE EN CANARIAS?

–A la gente le interesa el cine canario. Armando Ravelo es uno de los directores que más público atrae en Canarias y habla de los antiguos. La gente está interesada en ver lo que hace la gente de aquí.

–¿Tratan bien los festivales de cine que se celebran en Canarias al cine vamos a llamarlo canario?

–No tengo una opinión muy formada porque no acudo mucho a los festivales. Hay gente que hace un trabajo maravilloso, pero no sé si se está haciendo el suficiente.

–¿Y qué opinión tiene de los rodajes nacionales y extranjeros que se hacen en Canarias?

–Son un producto más turístico que cinematográfico pero genera empleo más o menos estable pero precario también. Soy muy crítica con eso, aunque los hoteles obtienen muchos beneficios pero las personas que trabajan en los hoteles lo hacen en condiciones precarias. Me gusta el cine, pero no a cualquier precio.

Filmografía

Tras el estreno de *Viudas blancas* (2012), un documental que dirige con Dailo Barco, Estrella Monterrey combina –como informa su perfil en la página web de Microclima, Asociación de Cineastas de Canarias– la realización con la investigación sociológica. Impulsora del proyecto Akellas para la creación de obra audiovisual feminista y autogestionada, Monterrey cuenta en su filmografía con trabajos como *El barranco*, una experiencia colectiva que reflexiona en torno a la novela *El barranco* de Nivaria Tejera y el documental *Cabreras* (2015).

«EN CANARIAS EN TODOS LOS ASPECTOS, EN TODAS LAS ARTES, NO VES ARTISTAS COMPROMETIDOS»

MIGUEL G. MORALES

Muchos de los trabajos de Miguel G. Morales se han preocupado por reivindicar a los protagonistas de la generación de *Gaceta de Arte* así como en reflexionar sobre el franquismo desde un punto de vista crítico, lo que define una obra muy concienciada y con afán de denuncia. El pasado y el presente se funden así en un cineasta que reinterpreta las imágenes de archivo (otra de sus constantes) para fraguar una mirada muy personal. Miguel G. Morales se encuentra ahora trabajando en *Salvaje es el viento*, su primer largometraje de ficción junto a Roy Galán y Verónica Franco y *Escuchar las sombras*, un corto documental de ensayo en el que indaga en las motivaciones que llevaron a muchos cubanos a combatir al lado de la II República durante la Guerra Civil española.

–¿CÓMO TERMINA HACIENDO PELÍCULAS?

–Las imágenes en sí y ya no solo la narración sino las imágenes en sí, en un momento dado me salvaron de mi vida. Yo muchas veces he reflexionado sobre eso y quizás tiene que ver con una habitación, yo la llamo la «habitación del pánico» que había en mi casa. Yo viví una infancia bastante tremebunda, muy desestructurada y muy salvaje en muchos sentidos y me refugiaba en un cuarto donde casualmente allí estaban los álbumes familiares, familiares que algunos ni conocía. Me entretenía verlos mientras duraban esos procesos traumáticos. Me ponía a ver los álbumes y me imaginaba las historias de esa gente que yo iba viendo. De eso me viene que ahora sea un coleccionista de imágenes, colecciono miles de imágenes con las que convivo y los lugares donde vivo están todos llenos de imágenes. Imágenes de los lugares donde vivo, están todos llenos de imágenes y eso unido a mi vivencia con mi abuelo materno que me contaba las historias que tuvo que vivir en la guerra y en toda su vida hizo que naciera en mí la necesidad de dejar memoria a través de imágenes, de películas...

–Y HACE LA PRIMERA PELÍCULA YA PROFESIONAL, ¿EN QUÉ AÑO?

–Empecé haciendo ficción cuando estudié en Madrid y en Cuba. Mis primeros cortos son de ficción pero el primero así como más pensado es un documental y está hecho en Cuba y se llama *El viejo y el lago*. Se realizó en el año 2000 y a partir de ahí ya descubro un poco la forma de narrar un documental y empiezo a rodar una serie de películas y termino de formarme haciendo películas en las que me planteo muchas preguntas y que se caracterizan por sus muchas carencias, las que tenía en mi formación como estudiante canario bastante joven en aquel entonces. Por un lado, tengo la suerte de hacer muchas películas en principio pero las hacía para aprender a hacer películas, un caso raro, porque no encuentro mi mirada hasta pasados nueve o diez años. He hecho mucho trabajo, pero ahí ya encuentro mi forma de contarlo. Atrás quedan un montón de películas que a mí me han inquietado y lo hacía y compartía al mismo tiempo, lo que es muy curioso porque se trataban de historias que transcurrían en Canarias porque no nos hemos fijado en esto, no hemos tenido en cuenta la forma de pensar de la generación de *Gaceta de arte*. Sus trabajos... ¡Me enamoraba de ellos! De los que firmaban Domingo Pérez Minik, Domingo López Torres... Fue gente que no estuvo en mí educación porque no se les tomaba en serio. Además, su historia quedó cercenada por el fascismo. Ese pensamiento, lo que ellos proponían con la revista, el arte con las nuevas visiones sobre el territorio, sobre la identidad, sobre Canarias que para mí eran súper modernas me hacía preguntar por qué nunca me habían hablado de esto. Cuando estaba estudiando estética del cine en Madrid, el profesor de Estética nos dijo que hiciéramos un trabajo sobre *El castillo estrellado* de André Bretón y yo conocía a Bretón pero no sabía que hubiera estado en Tenerife y que había escrito un texto sobre Las Cañadas, lo que me chocó y me hizo preguntar «¿por qué esta persona me está proponiendo este texto?». Y a partir de ahí tuve como un cabreo y al mismo tiempo conozco a personas que fueron coetáneas de ellos, alumnos que recogieron su legado y a partir de ahí nace la idea de hacer muchos trabajos que son productos más de la curiosidad que de una forma de mirar a esa historia. Yo no lo haría así ahora, pero bueno forman parte de lo que soy.

–¿Existe una identidad canaria?

–Creo que sí porque para mí la identidad canaria tiene que ver un poco también con su orografía y es un lugar lleno de barrancos y de vericuetos ocultos que estamos descubriendo siempre en nuestra isla, cuando viajamos a un lugar de la isla y decimos ¡ay! pero si nunca he estado aquí... Me ha pasado recientemente. A mí me gusta plantearme la identidad canaria como preguntas y posibilidades, preguntas que nunca nos hemos hecho y posibilidades de relatos en los que nunca se ha terminado de ahondar. Por ejemplo, me gustaría preguntarme qué hubiera pasado si los antepasados prehispánicos hubieran dejado algún tipo de testimonio, de relato de lo que les estuviera pasando, y cómo se podía desmontar el relato que se nos impuso con los textos de la conquista. Por ejemplo, qué hubiera pasado si se hubiera tenido muy en cuenta a la generación de *Gaceta de Arte* y lo que proponían las vanguardias. Qué hubiera pasado si no lo hubiera cercenado el fascismo y qué hubiera pasado si en Canarias hubiéramos tenido la visión de las mujeres que se minimizaron en nuestra historia, porque ahora sí se tienen en cuenta a Mercedes Pinto a Josefina de la Torre, María Rosa Alonso, Pino Ojeda pero en su momento vital no las tuvieron en cuenta. ¿Cómo sería el relato hoy si la mujer lo hubiera contando con el protagonismo que se merecía?

Esas son preguntas para mí de la identidad de Canarias... Por ejemplo, en el caso del territorio, ¿qué hubiera pasado si en el tema turístico lo hubiéramos tenido más en cuenta y nos hubiéramos tomado más en serio la idea primigenia de gente como César Manrique a cómo desarrollar turísticamente el territorio canario que al final acabó en manos de la especulación y obligó a César a luchar contra ella. Bueno, qué habría pasado es otra posibilidad. Por eso a mí me gusta pensar las otras posibilidades que habríamos tenido y estoy planteándomelo continuamente: si esto hubiera sido así, si esto hubiera sido pensado de otra forma, desde otras perspectivas...

–Piensa entonces que el territorio condicionó a Eduardo Westerdahl, Óscar Domínguez.

–Sí, pero al mismo tiempo decía Pedro García Cabrera y a veces Domingo Pérez Minik que la tierra era como la prisión y lo líquido, el mar, una posibilidad de escape, de huir. Lo líquido, el mar, es también la conexión con otros territorios. Yo creo que los escritores de *Gaceta* estaban totalmente vinculados con Europa, con el surrealismo y muchas veces se olvida que Óscar Domínguez es el nexo, pero quien estaba aquí residiendo era Domingo López Torres, y Domingo fue el silenciado porque era complicado hablar de él en ciertos momentos de la historia y de Pedro García Cabrera o de Domingo Pérez Minik, toda esta gente, como pasó con mucha gente en Canarias, se las silenció. Se vinculó a López Torres con Óscar Domínguez y fue fundamental, por eso vino Breton, por eso hay que leer a Breton. Todo el mundo se quedó flipado con López Torres y eso está ahí, yo creo que si los lees con detenimiento eran pura modernidad. En España no hubo un grupo así en ese momento. Y es curioso, a mí me gusta mucho pensar que en el Tenerife de aquel entonces está ocurriendo al mismo tiempo y en el mismo lugar la luz más progresista, vanguardista que había por aquel entonces en España y que fue la del grupo de *Gaceta de Arte* vinculado al surrealismo y que intenta estrenar *La edad de oro* de Buñuel y al mismo tiempo se trama el golpe de Estado en la Esperanza. Eso ocurrió en el momento de mayor luz y modernidad en España y en el momento de más oscuridad. Y estaban en el mismo lugar, cohabitando. Me obsesionan esos meses, porque en un intervalo de tiempo y en el mismo espacio aparecen dos ideas que resultan definitivas: La máxima modernidad con la bandera de la República y las posibilidades y libertades que había y, al mismo tiempo, la oscuridad total que nace en el monte de la Esperanza.

–¿CREE QUE LAS NUEVAS GENERACIONES CONOCEN A LA GENTE QUE HIZO POSIBLE *GACETA DE ARTE*?

–Puede haber un periodo en el que se escriben y publican libros y se ruedan y estrenan películas, lo que sea porque se las pone en valor. Se celebran también exposiciones y todo eso está en el conocimiento, pero si eso no está en la educación, las generaciones no van a conocer nada de esto. Lo mismo me pasó a mi cuando era un pibe. Es lo mismo.

–¿Cree que la falta de autoestima que tiene la sociedad canaria está disolviéndose? Aparecen nuevos trabajos en los que hay una mirada sobre Canarias bastante
interesante en muchos de los casos.

–Pienso más en nuevas miradas porque es lo que me pasó a
mí. Estuve diez años haciendo trabajos que, bueno, tiraba puertas pero era mi forma de narrar... Y le pasó a mucha gente también coetánea mía y ahora a gente nueva que viene con una
nueva mirada.

–¿Una nueva mirada sobre Canarias?

–Sí, se están uniendo formas diferentes de mirar el territorio
más desinhibida y libre, también desde el punto de vista de la
mujer.

–Pero, ¿cuál cree que es su conexión?

–Conecta de alguna manera con esa mirada de *Gaceta*, o sea a
mí me interesa mucho esa generación y también echo en falta
que allí hubiera más mujeres, porque las hubo, pero es una cosa
de contexto puntual de aquel entonces pero creo que conecta con
eso, ellos eran, se estaban planteando... Hombre, si tú lees lo que
escribía cada una de esas personas que estaba allí. Hablaban de
cosas que ahora mismo se están planteando y miraban sobre la
identidad, sobre los antepasados prehispánicos. Ellos estaban en
continua lucha de lo que era ser canario, y qué significaba ser
canario. También el territorio, cómo desarrollar el territorio. He
trabajado mucho la figura de César Manrique, un hombre que
luchó por su idea. Tardé diez años en hacer una película sobre su
figura pero me interesaba porque saqué cinco ideas troncales de
lo que significó, de por qué Manrique nace y crea ese personaje y
lo que propone, no tanto su obra en sí, sino las ideas de donde
parten. Creo que hay personas en Canarias que queremos abra-
zar esa modernidad que también está en nuestra realidad, por
mucho que se quiera ocultar y no se ponga en valor.

–Y EN LA ACTUALIDAD, ¿ENCUENTRA PERSONAJES COMO ESOS? ES DECIR, ¿ENCUENTRA REFERENTES?

–Bueno, yo creo que sí, siempre hay referentes. Yo he tenido la suerte de conocer a muchísimos artistas de Canarias. A mí me sorprendió conocer a Juan Hidalgo, que para mí fue una persona fundamental, conocerla y tratarla y ahondar sobre su obra. Para mí Juan representaba la modernidad que emanaba de *Gaceta*. Yo creo que Canarias tiene una cantidad de artistas y tan variados en todos los sentidos, no solamente en lo audiovisual sino plásticamente, musicalmente y ahora se está visualizando. Yo tuve la suerte de desarrollar mi camino junto a otras personas coetáneas que empezamos en el año 2000 o antes, pero tuve la suerte de que no existía y no sé había mirado tanto este punto de vista y por eso yo pude vivir del arte, una cosa extrañísima en Canarias durante ese periodo. Lo sé por muchos artistas y una cosa que hago desde hace ya bastantes años es colaborar con un montón de artistas y ponerme en otro lugar. Conectar servicios de otras islas y otras personas me parece muy sano; no estar siempre en el puesto de producción y dirección, me gusta pasar a otro lugar y visualizar y compartir la mirada con otros artistas y he tenido la suerte de trabajar con artistas maravillosos de Canarias y de fuera de Canarias.

–HA HECHO MÁS DOCUMENTAL QUE CINE DE FICCIÓN. ¿LE MOLESTA QUE LE IDENTIFIQUEN COMO CINEASTA DE DOCUMENTALES?

–Es verdad que la gente me quiso conocer por ahí. Yo venía de la ficción pero monté documentales. Y fue salir de la tele y largarme. Estuve dos años y me fui porque no era lo mío pero es verdad que se me conoce por eso, pero entiendo ahora el documental de otra forma no tal y como lo hacía yo en un principio que era mi formación y me siento identificado con un montón de formas de narrarlo. El caso es que no me gusta hacer siempre lo mismo sino usar diferentes narrativas para contar una historia y hacer una videocreación, o sea contar una narración desde el punto de vista etnográfico, un documental desde el punto de vista más experimental, utilizando más el archivo. De alguna forma mi vida está atravesada por el archivo y el documental y no sé la cantidad de materiales que he podido ver... Y han pasado ante mis ojos fotografías, películas, archivos sonoros de todo tipo. He visto Canarias como la había podido ver alguien del siglo XIX. Tengo en mi mente lo que era Canarias a través del archivo y, al mismo tiempo, cuando voy a un lugar siempre estoy con la mente en eso que he visto. Vas a un lugar y ves ese muelle y sabes lo que está allí. Como he visto muchas islas, Lanzarote la he trabajado mucho, Gran Canaria, Tenerife, me relaciono con el territorio a través del archivo. Siempre estoy con la magua y me cabreo y por eso desciendo de pedestales y de tronos donde nunca he estado y me pongo al servicio de causas en las que creo.

–¿Y EN CUANTO AL TERRITORIO?

–Me he puesto al servicio en los últimos años con lo que tiene que ver con la destrucción del territorio y me presento allí. Con la Tejita me presenté allí y dije «¿qué hay que hacer?». Alguna acción, proyectamos imágenes de César Manrique y me fui al campamento de *Cuna del alma* en el Puertito, e hice cuatro piezas con ellos y ¿qué ideas queremos transmitir? Pues ésta: vamos a contar esto, vamos a grabar esto, y de alguna forma intento ser coherente con las ideas que creo y tengo que ser coherente y ponerme yo mismo al servicio de esas ideas que estoy transmitiendo y ese compromiso con la realidad no es una cosa que sea muy común. En Canarias en todos los aspectos, en todas las artes, no ves artista comprometidos. No ves compromiso y si lo hay es muy puntual, se puede contar con los dedos de la mano las personas que se sienten independientes y coherentes con sus ideas y no les importa expresarlo en forma de piezas o lo que sea. Yo no gano nada haciendo esas piezas pero lo que intento es que la sociedad en la que vivo sí las tenga.

–¿Y EL MAR?

–Para mí el territorio es el mar y una cosa que tiene que ver con el proyecto último del *Monumento a la oscuridad* tiene que ver con el mar. Soy muy consciente de que el mar no es ese mar idílico que se ve turísticamente desde el punto de vista político sino que el mar es el lugar por donde llegó el exterminio castellano y por el cual se despidió a miles de personas cuando emigraron a América a buscarse la vida. Es el mismo mar donde asesinaron y se hizo el exterminio tras el golpe de Estado. Y hay miles de muertos en el fondo. Y es el mismo mar a través del cual vienen personas. Al mar siempre lo tengo presente y por eso resignificar el mar como ese lugar de dolor me parece interesantísimo y es parte del proyecto del *Monumento a la oscuridad*.

–¿QUÉ CONSTANTES APARECEN EN SU CINE?

–Todas las películas que he hecho tienen que ver con los archivos y sobre todo con la descontextualización del archivo porque hay dos formas de mirarlo. Una es mirarlo desde el punto de vista historiográfico, biográfico o sea como contar la historia y a mí me interesa citar el reverso de eso, ahondar en las imágenes y descubrir la polisemia de esas imágenes y lo que puede estar detrás de todo eso. Me interesa mucho también las relaciones dentro de las sociedades entre terratenientes y subordinados que viene desde la conquista y cómo se perpetuó en el franquismo y cómo llega hasta nuestros días. Las islas están entregadas a siete u ocho grandes familias, y a su vez esas familias han entregado este territorio a la explotación turística. Se lo ha entregado a familias alemanas, holandesas, noruegas que son los dueños de Canarias. Nunca hemos sido realmente dueños de nuestro territorio, siempre lo hemos dado, no hemos luchado por retenerlo.

—¿A QUÉ LE DA MÁS PRIORIDAD EN SUS PELÍCULAS, A LA HISTORIA QUE VAS A CONTAR O A LA IMAGEN?

—A mí me gusta hacerme preguntas a través de la imagen continuamente y si las imágenes están hechas desde el poder, lo que intento es replantearme dudas sobre el enfoque. Me gusta, por otro lado, trabajar en equipo no en solitario porque me gusta compartir y reflexionar que todo no está basado en una mirada extranjera que nosotros hemos comprado y que hemos terminado por hacer nuestra. Me interesa también las miradas femeninas actuales, como el caso de Daniasa M. Curbelo porque proponen miradas nuevas hacia el territorio, lo que es Canarias y con las que conecto perfectamente. Durante diez años estuve buscando esa nueva mirada de lo que es Canarias pero claro, dada mi juventud y mi falta de experiencia no daba con eso hasta que a partir de 2002 empiezo a encontrar lo que realmente quería hacer, pero siempre vinculado al archivo y a la descontextualización del archivo.

—¿Y EN CANARIAS?

—También se ha utilizado mucho el archivo en Canarias, pero desde un punto de vista que no hace hablar a las imágenes y yo quiero hacerlas hablar y que me cuenten otras posibilidades de significado que tiene cada imagen. Hay imágenes polisémicas y a mí me gusta mucho una frase que dice que «al final las imágenes son como pantallas en donde proyectamos nuestra identidad y nuestro pasado» y no hay que olvidar nunca que esas imágenes también nos interpelan y nos miran y nos hacen plantear dudas. Cada vez que me enfrento a un proyecto que tiene que ver con el archivo me planteo preguntas y veo la imagen; vale, ¿quién creó esta imagen? Desde el punto de vista de quién tiró esa imagen, esas que se tomaban de las fábricas, en las plataneras, en las plantaciones de tabaco. O imágenes de la mano de obra. Y lo que hay detrás de los rostros de esas gentes que están ahí y que se rodaban para enseñárselas a un empresario noruego, inglés o alemán que venía a expropiar y a hacerse dueño de Canarias. Me interesa lo que está detrás de la mirada de esa gente: el miedo. Quiero ver detrás de esa gente. Eso me apasiona en los últimos tiempos, y de hecho, ahora sale un proyecto con Cuba, que se presentó hace unos días, de recuperación de archivos de canarios en Cuba que nunca se había hecho bien. Se habían hecho estudios, pero nunca en profundidad y he tenido la suerte de estar ahí y trabajar con archivos de la clase obrera canaria en Cuba a finales del siglo XIX y principios del XX, que es un proyecto del Museo Canario pero que a mí me han dejado mirar libremente, contextualizándolo desde el punto de vista más artístico, no historiográfico.

–¿SU CINE ES MÁS INTUITIVO O REFLEXIVO?

–A mí me gusta tanto la intuición como la reflexión. A un personaje lo conecto con ciertas ideas o cosas que lo hacen conectar con la realidad ya que para mí en el caso de Canarias es como de la otra Canarias posible que nunca se llegó a materializar y que hubiera sido otra realidad si no hubiera estado el colonialismo, el fascismo o la oligarquía vinculada a la especulación urbanística y turística. Me planteo también una mirada femenina porque te pones a mirar y sí, está María Rosa Alonso, pero hay otros mitos que ahora se están encontrando.

–¿QUÉ CAMBIARÍA DE LAS POLÍTICAS PÚBLICAS DE AYUDA AL CINE EN CANARIAS?

–Apoyaría el proceso de guion, que se fomente y que los jurados que seleccionan los trabajos estuvieran bien repartidos con el fin de que el pastel no se dividiera como siempre para evitar el tapón de ciertas productoras que triunfan en Canarias y que hacen muy bien su trabajo pero que son las mismas que reciben esas ayudas y eso frena al que empieza. Por eso creo que debería vigilarse bien porque cuando empecé en todo esto no había nada y hoy hay muchas ayudas así que hay que tener en cuenta a quien está empezando.

–¿CUÁLES CREE QUE SON LOS PROBLEMAS MÁS GRAVES DEL SECTOR EN CANARIAS?

–Se ha avanzado mucho en cuanto a la recepción de las nuevas miradas pero algunas películas proponen una mirada moderna, alternativa y experimental que ahora tienen más posibilidad de encontrar un público mayor que el de antes pero lo trascendental tiene que ser entendido. Me gustan que las películas que pueda entender todo el mundo y que el menaje que quiere transmitir llegue porque pienso que hacemos películas para compartir pero si la gente se queda en nada ese producto es mero onanismo. No creo en las élites culturales.

–¿Y QUÉ ESTRATEGIAS CREE QUE SON POSIBLES PARA GENERAR UN MAYOR INTERÉS POR EL CINE QUE SE HACE EN LAS ISLAS?

–Debe ser más visible y al mismo tiempo algunas entidades tendrían que tener la función de visualizar los trabajos de los cineastas actuales lo que generaría un público receptor más cercano y apegado a lo que se hace.

–¿CREE QUE LOS FESTIVALES DE CINE QUE SE HACEN EN CANARIAS TRATAN BIEN AL CINE LOCAL?

–El Festival de Las Palmas es un nexo, pero yo creo en mi independencia e intento ser coherente con ella en producción y en pensamiento ya que rechaza la mirada impuesta. En los festivales de cine destaco el de las Palmas porque nos ha unido. La asociación Microclima nació de hecho allí.

–¿ESTÁ BENEFICIANDO AL CINE QUE RUEDAN LOS CINEASTAS CANARIOS LOS RODAJES NACIONALES Y EXTRANJEROS QUE SE HACEN EN LAS ISLAS?

–Los rodajes extranjeros me parecen interesantes y productivos para Canarias pero eso se debe permear en la producción local. Es decir, que haya un tanto por ciento de jefas y jefes de equipo canarios en esas producciones y no solo *machacas* porque eso genera industria y hace que la gente se forme y tendería a que se quedase mucho más dinero en Canarias.

FILMOGRAFÍA

CORTOMETRAJES:

Cicatrices (1999).
El Viejo y el Lago (2001).
Los mares petrificados (2010), mediometraje.
Retina (2014).
Maestro de obra (2014).
Juana (2016) (Co-autor).
Pozo negro (2017).
Ángel caído (2018).
Esta playa es nuestra (2019).
La música callada (2019).
Este cuchillo cogeré (2019).
Huacal (2020), video instalación dentro del proyecto La mirada pasajera.
Días deshojados (2020), pieza audiovisual documental sobre Pepe Herrera.
Ekaterina (2021).
José Martín (2021), pieza audiovisual documental.
Collage para una huida (2022), video instalación con Found Footage.
Monumento a la oscuridad (2022-2023) (Co-autor).
Escuchar la sombra (2023).
Matul (2023).

LARGOMETRAJES:

Aislados. La esencia de un espíritu (2003).
Maud. Las dos que se cruzan (2004).
Al silencio (2005).
Iter in semet ipsum (2009).

Aldecoa. *La huida al paraíso* (2011).
Una luz en la isla (2011).
Taro. El eco de Manrique (2012).
Hombre que hace que duerme (2015).
De los nombres de las cabras (2019) (Co-autor y productor).

OTROS:

Colaboraciones haciendo la cinematografía con las artistas Carmela García (*Seres Equívocos*, 2021), Teresa Correa (*Rumor de jable*, 2021 & *Desmorir*, 2021), Karina Beltrán (*Interiores & Visor*, 2021), Celeste González y Daniasa Curbelo (*Lapas y Viejas*, 2020), Acaymo S. Cuesta (*El poder corrompe*, 2021) o Alexis W. (*Paisanaje*, 2016).

Otras piezas son *Entreluces* sobre Andrés Rábago «El roto», *Arenas* sobre Ildefonso Aguilar, *Monsieur Domínguez* sobre Óscar Domínguez, *Utopía Manrique* y *Las manos* sobre César Manrique, *Las 12, Al poder se le incomoda* o *Claraboya* sobre el primer libro de José Saramago.

«ME INTERESA LA IDENTIDAD COMO PARTE DEL TERRITORIO, CRUZADO POR DIVERSAS CULTURAS»

SERGIO MORALES

Sergio Morales no es uno de los nombres que más haya trascendido en el universo cinematográfico canario porque da la sensación que no le van los fastos ni la fama pasajera que en ocasiones conlleva dirigir y estrenar una película pero sí que se trata de un cineasta al que le gusta rodar películas y explorar en esas mismas películas una realidad como es la de las islas. Muchos son los que esperan ahora el rodaje de su nueva experiencia cinematográfica.

–¿CUÁNDO SE DESPIERTA EN USTED LA AFICIÓN POR EL CINE?

–La afición probablemente con las películas de los sábados por la tarde que ponía TVE y con las de romanos de cine de barrio, el mío era el Cine Astoria o en ocasiones el Rialto. La vocación por saber o hacer algo relacionado con el cine comenzó viendo *Doctor Caligari* en pantalla grande en el Castillo de la Luz de Las Palmas y posteriormente en las proyecciones del Yaiza Borges en La buhardilla de La Laguna, mientras estudiaba derecho, el otro día encontré mi carnet de socio.

–¿CÓMO REFLEJA LAS ISLAS EN SUS PELÍCULAS? ¿CUÁL ES SU RELACIÓN CON EL PAISAJE? ¿QUÉ IMPORTANCIA LE DA?

–Creo que tanto en el documental como en la ficción la posición insular es primordial. La ubicación, lo insular, condiciona inicialmente la mirada. Algunos/as creadores/as permanecen quietos/as y otros/as tienen que buscar otra perspectiva, incluso elevarse para situarse en otro plano, para mirar y narrar como si fuera un gráfico de satélite. Me interesa la visión del extraterrestre, el exotismo no está en la comercialidad del paisaje y el paisanaje, que es parte del *marketing* tradicional de las islas, sino en su extrañamiento. Cuando planteas un proyecto lo vives como una exploración del entorno pero también de ti mismo, una manera de entender y reconocerse. Yo intento que el paisaje se acerque a mí, creo que es imposible.

En general, creo que estamos en un segundo o tercer estadio de investigación de nuestro contexto y paisaje en el cine que hacemos en Canarias, películas como *La Raya*, de Andrés Koppel y *La Isla Interior* de Dunia Ayaso y Félix Sabroso, *Mararía*, de Antonio Betancort, o gran parte de los documentales de Miguel Morales, por ejemplo los que ha realizado en torno a la figura de Manrique, aportan discursos diferentes que asientan nuestra relación con la isla. El paisaje es tan protagonista como los personajes. Hemos pasado de un balbuceo sobre nuestro paisaje e identidad a una exploración crítica. Es un tema de educación y un debate vital en el que nos jugamos todo, tenemos alrededor muchos depredadores.

–¿QUÉ ELEMENTOS DESTACARÍA DE ESTA REPRESENTACIÓN?

–Personalmente me interesa la identidad como parte del territorio, cruzado por diversas culturas, cosmopolita, la influencia del paisaje en la vida de la gente... Me preocupa la especulación y el deterioro que provocan los que solo ven el paisaje como una oportunidad de negocio, el nacionalismo que empieza por uno mismo, creo que hay que desmontarlo. Lamentablemente tenemos gran parte de nuestra clase empresarial y política cortoplacista, ciudadanos que no valoran lo suficiente la limpieza o la convivencia, y nuestro territorio es frágil y no lo soporta. Mi trabajo tiene algo de experimental. El título de mi segundo largo documental es *Telúrico* y creo que refleja estas circunstancias, pero trata de hacerlo con sentido del humor.

Estación Andamana tiene parte de nostalgia, creo que estoy algo obsesionado con los espacios en ruinas, con los sitios que tuvieron en algún momento una función más relevante, con los edificios que significaron algo para la comunidad y conservan vestigios del pasado, me encantaría hacer una serie sobre casas y espacios de Canarias en ruinas, todas tienen una historia que contar y hay muchas en el archipiélago.

–¿CÓMO DEFINIRÍA EL CINE QUE HACEN CINEASTAS DE LAS ISLAS SOBRE SU PROPIA REALIDAD INSULAR?

–Por suerte tenemos diversidad de autores y autoras y por tanto de miradas sobre la realidad insular. Probablemente tras una primera fase de exploración y autoafirmación, en la que la cultura agraria, la emigración y el mundo aborigen eran primordiales, estamos en otra fase donde estos temas se estilizan.

Un ejemplo sintomático es el caso del tratamiento del pasado aborigen que ha hecho Armando Ravelo, buscando el género sin complejos, o el del presente de Elio Quiroga con *La estrategia del pequinés*, la novela de Alexis Ravelo[6], magnífico retratista de la ciudad de Las Palmas de Gran Canaria. Echo de menos más producciones de este tipo adaptando escritores de las islas.

---

[6] Alexis Ravelo Betancor (Las Palmas de Gran Canaria, 20 de agosto de 1971-*Ibidem*, 30 de enero de 2023) fue un escritor español que cultivó los géneros de la novela negra, el cuento y los microrrelatos.

–¿CREE QUE SOMOS UN ARCHIPIÉLAGO CON SEÑAS DE IDEN-
TIDAD COMUNES?

–Creo que la identidad de Canarias se mueve entre la facción
surrealista de Tenerife, Domingo Pérez Minik, Néstor de la Torre, César Manrique y Valentina la de Sabinosa, una mezcla entre la herencia y la invención identitaria. La construimos cada
día y tenemos que estar muy atentos a los disparates institucionales, habitualmente relacionados con los tópicos, que suelen
tener pretensión totalitaria. Podemos compartir y convertir en
seña de identidad la novedad, la mezcla, la vanguardia, sin re-
nunciar al gofio, la romería y el mojo.

–¿PUEDE ESTABLECER UN DIAGNÓSTICO DEL SECTOR CINEMA-
TOGRÁFICO Y DE LA CREACIÓN CINEMATOGRÁFICA EN CANARIAS?

–Tal como he comentado alguna vez, creo que hemos pasado
de una época de francotiradores del audiovisual, de auténticos
pioneros, a un sistema organizado de formación y posibilidades
múltiples de producción. De un entorno donde estaba todo por
inventar a un sistema con formación pública y privada y una estructura legal de apoyo a través de incentivos y subvenciones, con
cada vez mayor sinergia entre la iniciativa privada y la administración. Evidentemente esto no es suficiente, deberíamos trazarnos
objetivos mínimos. Euskadi, que tiene población similar, o Dina-
marca siendo más ambiciosos, son modelos de desarrollo. Deberíamos tener estabilidad en la producción, al menos 8 o 10 largometrajes al año y que al menos 1 o 2 tuviesen recorrido nacional
e internacional. Para eso es necesario mayor producción de cortos, método, creatividad, estabilidad laboral...

–¿Y QUÉ MEJORARÍA DE LAS POLÍTICAS PÚBLICAS DE APOYO AL
CINE?

–En general creo que en Canarias ha existido un clientelismo
y paternalismo cultural desde lo público, que aún mantiene vicios

como es el caso de las subvenciones a dedo. Pero también es verdad que se han abierto cauces y se va imponiendo la transparencia y la libre concurrencia. Hay que proporcionar estabilidad jurídica a los incentivos fiscales, mejorar las cantidades de las ayudas al desarrollo, producción y distribución, erradicar las subvenciones a dedo. Potenciar a las empresas y sus asociaciones. Colaborar con las asociaciones de creadores/as. Tenemos un problema grave de gestión de los tiempos en las administraciones, tanto para las convocatorias de ayudas como para las resoluciones. Es imprescindible concienciar a los políticos de la necesidad de reorientar la administración hacia los servicios. Tenemos un problema grave de formación en gestión en las jefaturas administrativas y una deficiente estructura organizativa. Necesitamos más técnicos pero sobre todo mejor gestión, especialmente en las subvenciones y en la elaboración de pliegos administrativos. Sería interesante armonizar las ayudas y resto de políticas públicas del Gobierno de Canarias, cabildos y ayuntamientos, y mejorar la coordinación entre instituciones con mecanismos estables de colaboración. TVC cumple un papel fundamental de tractor de la producción y distribución, que debe ejercer con más recursos. Creo que también es importante incentivar las adaptaciones de obras literarias canarias al audiovisual, desde el mismo proceso de desarrollo, armar proyectos sólidos, por supuesto con un seguimiento y control estricto de las ayudas.

–¿CUÁLES CREE QUE SON LOS PROBLEMAS MÁS GRAVES ANTE LOS QUE SE ENCUENTRA EL CINEASTA CANARIO Y/O RESIDENTE EN LAS ISLAS?

–Los cambios en los últimos 30 años han sido radicales, desde la tecnología de producción y distribución, hasta el espectador y sus formas de consumo. Han facilitado la producción, pero la competencia es mayor. Canarias es un mercado relativamente pequeño, nuestra televisión pública tiene una capacidad limitada, el principal problema del cineasta canario es poder vivir de ello.

–¿Y QUÉ ESTRATEGIAS SON POSIBLES PARA GENERAR UN MAYOR INTERÉS EN EL CINE QUE SE HACE EN LAS ISLAS?

–Como sabemos la base está en la educación y una deriva es el respeto por la actividad de creación en general, debemos preguntarnos a quiénes admiran nuestros jóvenes. Tenemos un elenco de cineastas relevantes a los que hay que proporcionar oportunidades para crecer y dotar de estabilidad, la creación no puede ser solo una dedicación ocasional que luego obligue a ganarse la vida en otra parte. Hay que trasladar el interés por la cultura audiovisual como forma de creación, conocimiento y entretenimiento, hacer entender la necesidad de contar nuestras historias y empatizar con quienes las construyen, ir más allá de los lugares comunes. Para poder disfrutar hay que educar.

–¿QUÉ TEMAS, QUÉ PREOCUPACIONES, TRATA EN SU CINE?

–Hay algo inasible en el paso del tiempo, la memoria y la conservación del patrimonio, la identidad individual y colectiva, la universalidad en contraposición a la estrechez y egoísmo nacionalista. También me interesa la divergencia, la transgresión, la gente que no soporta el redil y las convenciones, creo que aportan color y madurez a la convivencia.

–¿SE CONSIDERA UN CINEASTA INTUITIVO O REFLEXIVO?

–Para empezar la palabra cineasta me da respeto, se la adjudico a Buñuel, Varda, Welles, Lang, Wilder, etc. Creo además que habría que distinguir entre las personas que dirigen guiones propios y las que no. Yo soy un tipo con formación en comunicación audiovisual, especializado en producción, que ha guionizado y dirigido un par de largometrajes documentales y algunos cortos, y que se gana la vida como gestor cultural, realizando audiovisuales ocasionalmente. Por mi labor en el Cabildo de Gran Canaria he tenido además la oportunidad de producir y trabajar con varios cineastas canarios.

Mi trabajo nace de la necesidad de expresarme y la frustración de no saber interpretar música, cantar o dibujar. Cuando hago un audiovisual busco esa música y ese dibujo. Volviendo a tu pregunta, creo que soy reflexivo pero tengo vocación experimental, que básicamente quiere decir que pruebo cosas, no estoy seguro de lo que hago, no me conformo con lo que sé y cuando sé no me satisface repetir. Resumiendo: sé guisar el plato pero nunca haré la receta tal como viene en el libro. La consecuencia es que el gusto no será nunca el correcto, no estaré contento con los resultados, y siempre probaré otras opciones sobre el mismo guiso, aunque no le guste a nadie...

Un documental es un viaje en el que crees que sabes a dónde vas, pronto sientes que la mejor manera de llegar a algún sitio es perderse. Encuentras un camino diferente en cada persona que hallas. Terminas de rodar y tienes un laberinto, hay que ir eliminando o eligiendo senderos. Lo habitual es que lo hagas en la edición, si tienes suerte algunos personajes y situaciones empiezan a crecer y te ayudan a seguir una dirección. Poco después de terminar sabes que te has equivocado y te gustaría comenzar de nuevo, pero una película no es un escrito que puedas corregir o romper, cuesta esfuerzo de un equipo, tiempo, dinero. Solo queda evitar los mismos errores en la próxima docu-equivocación, si eres capaz de volver a ponerla en marcha.

–¿HAN CONTRIBUIDO A DINAMIZAR AL SECTOR LOS RODAJES NACIONALES Y EXTRANJEROS QUE SE RUEDAN EN EL ARCHIPIÉLAGO?

–Sí, pero debe ser complementario a la producción local, para contar nuestras historias y afirmar nuestra cultura es imprescindible desarrollar la producción local. Lo interesante de los rodajes externos es que sean variados y que cada vez contraten más personal local en puestos de relevancia. Es estupendo que dejen dinero pero debe ser un beneficio también para las productoras y el personal técnico local, además de los *services*. Por otro lado, si se hace bien creo que es una de las formas más limpias y productivas de explotar nuestro territorio.

FILMOGRAFÍA

CORTOMETRAJES:

El Viaje de Harryet (2014), junto con Harryet Bellwood y Jesús Lebrero.
Juan Hidalgo ocho (2009).
Cantos Canarios (2004), promo.
La Cueva Pintada de Gáldar (2003).
Obeliscos (2001).
Realización de la pieza *Zoogramas*, en colaboración con el fotógrafo Joan Fontcuberta.

LARGOMETRAJES:

Estación Andamana (2015), junto con Manuel Vidal.
Telúrico (2018).

«VIVIMOS EN UN PAÍS QUE NO HA SABIDO SALIR DE MADRID»

ELIO QUIROGA

Elio Quiroga ha hecho artísticamente un poco de todo, desde música experimental a literatura pasando por el cine. Anclado ya su pasado musical, su carrera se desarrolla en la actualidad entre la de escritor con la de cineasta. Tuvo la suerte o la poca fortuna que su primer largometraje *Fotos*, fuera bendecido por Quentin Tarantino en el Festival de Sitges y que se especializara a continuación en un cine fantástico con sello de autor. Ahora prepara una película de dibujos animados basada en un cómic que cuenta una experiencia real, la del paquebote *Winnepeg* en *Winnipeg, el barco de la esperanza.*

–¿CUÁLES SON SUS INICIOS EN EL CINE?

–Lo del cine en principio lo que recuerdo de pequeño, con once o doce años, es que le quitaba a mi padre la cámara de cine de Súper8 y hacía mis pinitos, pero cuando se me encendió la luz fue cuando leí la autobiografía de Luis Buñuel con catorce o quince años y luego otra de Raoul Walsh y pensé que era posible dedicarme a esto, respecto a escribir ya con quince años hacía fanzines con amigos del colegio y sacamos varios libros de cuentos, que editábamos en fotocopiadoras.

–En su filmografía constan dos cortos de los '80 y más tarde varios largometrajes y *La estrategia del pequinés*, donde el uso del paisaje juega un papel destacado. ¿Hasta qué punto se sirve del territorio para contar historias?

–Los dos primeros cortos discurren también en Las Palmas y los produjo TVE en Canarias en un programa de cine canario donde tuve la suerte de filmar con las cámaras que estaban dejando de usar los servicios informativos, y que eran de 16 mm. Estos dos cortos son cuentos de ciencia ficción y fue una primera experiencia, una primera aventura. Luego llegó *Fotos*, diez años después, y antes algún vídeo experimental, vídeos instalaciones... Hubo gente a la que le interesaron aquellas cosas que hice y me pareció que era una vía interesante que me llevó a hacer también música experimental con amigos, y de ahí arranco a hacer *Fotos*, una película peculiar y tan extraña que transcurre en Las Palmas de Gran Canaria, una ciudad que en la película casi siempre está lloviendo como si fueran las emociones que sufren los personajes protagonistas ya que cuando están contentos aparece el sol. Es una especie de juego con mi ciudad, a la que le tengo tanto cariño, y está rodada en lugares señeros de la capital grancanaria con una especie de realismo mágico llevado al cine. Con *La estrategia del pequinés* jugué a eso pero más neutral porque quería una ciudad de cine negro, pero de cine negro canario como la novela de Alexis. El protagonista vive en El Risco de San José, un barrio hermoso pero con mala fama porque esta ciudad es lo que es... Se muestran imágenes del paseo de Las Canteras y otras zonas por las que he paseado toda la vida pero contada de otra forma. En mi caso, me crie en un barrio normal y relativamente pobre así que conocía muy bien ese tipo de ciudad que podía contar cosas que solo pasan en Las Palmas de Gran Canaria.

–¿Qué es para usted Las Palmas de Gran Canaria?

–Es la ciudad en la que fui niño y donde me he hecho mayor. Viví un tiempo fuera, en Madrid, Barcelona, la costa oeste de los Estados Unidos, y acabé por volver y entiendo la razón de que en todos los *rankings* en los que se recomienda en qué ciudad vivir se encuentre Las Palmas de Gran Canaria porque tiene uno de los mejores climas del mundo y también a la mejor gente. Es una ciudad que personalmente amo y odio a la vez, que tiene zonas deprimidas por abandono municipal. Las Palmas de Gran Canaria podría ser mejor si todos pusiéramos un poquito más en ello.

–¿Hay una identidad común en esta tierra?

Es complicado, es un lugar sobre todo las islas orientales, con un territorio predominantemente seco. Las islas son como continentes en miniatura y los isleños una gente especial, hospitalaria, generosa. Somos como pequeñas islas.

–¿Y lo refleja el cine que se está haciendo?

–No lo sé, a ver como surgen las cosas en los últimos años ahora tengo esperanza porque surgen nuevas voces, sobre todo de mujeres. Hay como un *boom* del cine dirigido por mujeres que cuenta con una profundidad impresionante. *Alcarraz, Creatura* son películas rodadas por mujeres. *Alcarraz* ganó el Festival de Berlín y eso me da esperanza para que los canarios nos podamos contar más y mejor. Está el cine que hizo Pepe Dámaso, un cine experimental y con un sabor local y casi pionero con Ramón Saldías como operador. Saldías hizo documentales relacionados con la producción agrícola que me recuerdan a las filmaciones de cineastas británicos que venían a rodar aquí pero un cine con sabor local está aún por venir así como una forma de narrar que tampoco ha llegado aún.

–NO TERMINA POR REIVINDICARSE EL CINE DE RAMÓN SALDÍAS.

–Ramón Saldías rodó *El camino dorado*, una película sobre el alcoholismo y *Kárate contra la mafia* que mucha gente no reivindica pero en la que salen zonas de Las Palmas de Gran Canaria que no se habían visto nunca y que gracias a estas películas las vemos ahora como eran hace 40 años.

–¿SE CONSIDERA UN CINEASTA INTUITIVO O INTELECTUAL?

–Tengo una personalidad que te lleva un poco al caos y si te metes en unos estudios que te obligan a ordenar tu pensamiento de manera sistemática y la informática lo hace, me ayudó mucho a hacer un trabajo como éste. Dirigir y producir cine sabiendo que tienes que planificar muy bien las cosas. Y eso me ha ayudado a ser más reflexivo y a tener una mente estructurada para poder cambiar las cosas si has cometido algún error. Pienso que también me ha ayudado a la hora de escribir novelas.

–Y A QUÉ LE DA MÁS IMPORTANCIA EN SUS PELÍCULAS, ¿A LA HISTORIA O A LA IMAGEN?

–En el caso del cine las dos cosas colaboran, hay una forma de narrar única del cine ya que su narrativa implica contar cosas que no necesitan palabras para contarlas y hay que pensarlo mucho y saber cómo usar esa imagen. Luego está la narrativa del guion que se juntan. En novela estás limitado por el tiempo, tienes que llevar al lector de una forma más compleja. Son dos formas diferentes de narrar y cada una de ellas tiene unas virtudes maravillosas.

–¿APRECIA CONSTANTES EN SU CINE?

–Soy muy malo para mirarme a mí mismo, lo que dicen los demás es que prácticamente todas las historias que escribo y dirijo las protagonistas son mujeres fuertes. *Fotos, La hora fría, No-*

Do e incluso *La estrategia del pequinés*, ya que si la novela está un poco más masculinizada, intenté dar más protagonismo al personaje que interpreta Kira Miró porque hay un momento en los que ella toma la riendas de la situación. Ahora mismo estoy con una película de animación donde la protagonista es una niña y no un niño. Las mujeres son personajes fuertes en mis películas quizá porque me crie entre mujeres y sentí muy pronto la importancia que tienen en la vida familiar.

–¿Y ESTÁ TRABAJANDO EN ALGO NUEVO?

–Un corto de animación y también un largometraje de animación, *Winnipeg, el barco de la esperanza* que cuenta una historia real, un paquebote llamado *Winnipeg* que fletó en 1939 Pablo Neruda, embajador de Chile en París, para que 2.500 refugiados españoles pudieran escapar de los bombardeos durante la Guerra Civil española y vivir en Chile. Llegaron a Chile y la inmensa mayoría se quedó allí, donde se reúnen todos los años y se llaman a si mismo los hijos y las hijas del *Winnipeg*. La película cuenta la historia de un padre viudo y su hija de seis años en Barcelona, a punto de que entren en la ciudad las tropas nacionales. *Winnipeg, el barco de la esperanza* adapta una novela gráfica y sentí la necesidad de rodarla. Isabel Allende escribió una novela sobre estos barcos porque no fue uno solo.

–¿CREE QUE EXISTE UNA IDENTIDAD CANARIA?

–Creo que hay una identidad en algún lado pero el pueblo canario está demasiado perdido para hablar de ella. Hay un auto desprecio provinciano que hasta que no salgamos de ahí no seremos capaces de tener una identidad. Pero cada vez que veo los carnavales y la gente pasándoselo bien en sus fiestas digo que aquí hay algo potente pero no nos hemos dado cuenta de ello. Creo que en las islas pequeñas hay más conciencia de nosotros mismos que en las grandes, donde estamos totalmente perdidos.

–¿Establecería un diagnóstico del cine canario?

–La situación es muy esperanzadora. Mengues y yo conseguimos que existan puntos para las producciones canarias mientras peleábamos contra la FAPAE así que se pueden conseguir cosas. Ahora hay ayudas públicas del Gobierno de Canarias y de algunos cabildos y ayuntamientos. La Televisión Canaria está apostando por comprar productos canarios pero habría que apoyar el talento joven si hay ganas de encontrarnos a nosotros mismos.

–¿Qué mejoraría de las ayudas públicas al cine en las Islas Canarias?

–Sería muy bueno que hubiera más facilidad para que los productores canarios se pudieran acoger a los beneficios fiscales. La herramienta fiscal que atrae rodajes aquí y genera empleo hace que Hacienda saque dinero de nuestros impuestos para que Ridley Scott venga a rodar aquí. Me gustaría que hubiera un poco más de capacidad y acceso para las productoras canarias.

–¿Y cuáles cree que son los problemas más graves ante los que se enfrenta el cine canario?

–El más grave de todos es que vivimos en un país centralizado cuya capital es Madrid y dentro de la M30 viven en su propia burbuja. Vivimos en un país que no ha sabido salir de Madrid.

–¿Y qué estrategias propondría?

–Se están haciendo cosas por la parte pública, el Ministerio de Cultura también y se está haciendo bien porque se necesitan mover esas películas en el mercado de festivales pero se podría apoyar un poco más a la producción y la distribución aunque me consta que se está en ello.

–¿CÓMO CREE QUE TRATAN LOS FESTIVALES QUE SE CELE-BRAN EN LAS ISLAS AL CINE QUE SE HACE EN CANARIAS?

–Con mucho cariño. Hay casos distintos, el Festivalito que es casi el primero del mundo que inventó el cine en un minuto y que se hace sobre la marcha y se nutre mucho de la obra canaria. El Festival de Las Palmas se ha convertido en uno de los grandes festivales del país y ha creado secciones para autores y obras canarias que no llegan a la sección absoluta del festival porque hay un comité que actúa con rigor.

–¿NOS BENEFICIAN LOS RODAJES NACIONALES Y EXTRANJEROS QUE SE HACEN EN LA ACTUALIDAD EN CANARIAS?

–Han contribuido primero a profesionalizar el sector servicios lo que permite a la gente especializarse y que se consoliden muchos sectores profesionales. Seguiremos mejorando y demostrando a la gente que viene de fuera que no hace falta venir con todo porque aquí hay técnicos muy cualificados.

–¿CÓMO CREE QUE SERÁ EL FUTURO DEL CINE?

–Hay demasiada gente con bolas de cristal pero no lo sé. Un amigo dice que el cine ha terminado y otro, que hace un *podcast*, que dentro de diez años a nadie le van a gustar las películas porque ya no se verán. Sí creo que las plataformas son gigantes con pies de barrio, y se ha demostrado con la huelga de guionistas. Me gustaría que la gente siguiera viendo cine, que sintiera la experiencia colectiva de ver una película así que con todo y pese a las dificultades no creo que el cine desaparezca.

FILMOGRAFÍA

CORTOMETRAJES:

Cuestión de Tiempo (1987), cortometraje.
Compramos Gente (1088), corto.

El Último Minutero (2004), cortometraje documental.
Home Delivery (2005), cortometraje de animación.
Uwe (2006), corto documental.
My name is Maria (2010), corto de animación.
Paris 1944-2012. Color of Time (2012), corto documental y experimental.
Whence comes the rain (2019), corto de animación.
35 Premios Canarias (2019), miniserie.
Volar sobre el agua (2022), corto documental.

LARGOMETRAJES:

Fotos (1996).
Ausentes (2005), guionista junto con con Daniel Calparsoro y Ray Loriga.
La hora fría (2007).
No-Do (2009).
Science Gossip (2014), serie documental. Creador, Productor y guionista, con Luis Sánchez-Gijón.
The Mystery of the King of Kinema (2014).
Salir del ropero (2019).
La estrategia del pequinés (2019). Director y coguionista, con David Muñoz sobre la novela de Alexis Ravelo.
A living tree means a living planet (2019).
Un paseo por el Borne (2023), largo. Guionista, con Nick Igea y Zebina Guerra
39 Premios Canarias (2023), documental.
La educación (2023), documental.

«LA FUNCIÓN DE LAS PELÍCULAS ES LA DE GENERAR DIÁLOGOS»

DAVID PANTALEÓN

Si hay una película reciente que marca el devenir de por dónde pueden ir los próximos hitos de un cine rodado en esta tierra por gente de esta tierra es el que David Pantaleón plantea en *Rendir los machos*, una cinta preciosista que cuenta una historia en clave de *road movie* (película de carreteras) por la isla de Fuerteventura que emociona y estremece a partes iguales. No he vuelto a ver desde su estreno una reflexión tan interesante como atractiva del hombre ante el paisaje de una isla que por agreste y yerma casi parece el reflejo de un corazón desolado.

–¿CÓMO TERMINA DE DIRECTOR?

–Al enfrentarme a la realidad del intérprete, que tiene mucho que ver con el tiempo de espera en donde no eres detonador de casi nada. Esperas a que a otros se le ocurra algo. Después de terminar la formación en la Escuela de Actores y estando en el Festivalito donde acudía como actor (el Festivalito es como una gentrificación del gremio condensado es una semana), pensé por qué dar la cara a las ideas de otros y después por qué no podía abordarlo yo como creador y así comenzó todo.

–¿Y RUEDA SU PRIMER CORTO?

–Creo que en 2004, *Segundo plato,* que se inspira en una idea muy chorra que luego ha picado por la propia energía del Festivalito y lo hice en mi pueblo y con mis hermanos y la vaca de un vecino. Fue un inicio revelador porque lo que hago ahí se ha convertido en dinámicas que se han ido repitiendo en mi trabajo como trabajar con lo cercano, con mis hermanos y mi familia.

–EN SUS PELÍCULAS A QUÉ LE DA PRIORIDAD, ¿A LA HISTORIA O A LA IMAGEN?

–La clave es encontrar un equilibrio pero tiendo a construir más a partir de lo visual que de lo literario, no es cien por cien así pero sí que trabajo más por la apetencia de llegar a una imagen que por la narrativa sobre el cuento que estamos narrando. Es algo que se va equilibrando a medida que tienes experiencia y más encuentros con los espectadores, que es la función de las películas, la de generar diálogos.

–¿RECONOCE CONSTANTES EN SU CINE?

–Lo gracioso es que uno cree que hace siempre algo bueno pero ahora que han pasado los años y he tenido la suerte de que me hayan hecho alguna retrospectiva en algún festival y he podido ver las piezas juntas hay algo que me parece sorprendente porque no lo has descubierto tú antes, que eres quien lo haces, y es que hay un denominador común de las temáticas que me interesan y un planteamiento de juego con el espectador.

–¿Y CUÁLES SON ESOS PLANTEAMIENTOS?

–El plano fijo, la composición abierta, el trabajo entre la ficción y el documental, conectado con el territorio y las cosas que te rodean. La idea de partir no de algo que se te ocurra sino de la observación y una cuestión de plasticidad, de encontrar los lugares, los personajes antes de construir la historia. Creo que eso me lo pone más fácil que al revés, y eso es otro denominador común de mi obra.

–UNA DE SUS PREOCUPACIONES ES EL TERRITORIO, ¿CÓMO LO REFLEJA EN SUS PELÍCULAS?

–La preocupación tiene que ver con el lugar que uno habita en cada momento y en la capacidad de respetarlo y mirarlo sin poner tus ocurrencias ya que se trata de una simbiosis con el lugar que es el que te genera esas ocurrencias. La mayoría de mi filmografía está hecha en territorios de Canarias, pero en otros lugares mi máxima preocupación es no entrar a degüello, a construir sin pararte a observar sino en escuchar el territorio, que es clave, es como llegar a un sitio y ponerte a hablar sin antes intentar escuchar y entender la situación del lugar. En cuanto a estos denominadores comunes está el componente teatral, el plano abierto casi como un escenario teatral, aunque siempre hay un momento en los que uno rompe intencionadamente o accidentalmente con eso.

–¿SE CONSIDERA UN CINEASTA CEREBRAL O INTUITIVO?

–De entrada más intuitivo pero a medida que uno construye su filmografía se va esforzando en los lugares que a priori son los más deficientes de su forma de hacer las cosas. Cada vez siento que soy más cerebral, aunque a veces intento no preocuparme en exceso para no perder cierta frescura.

–EN CUANTO A LAS PELÍCULAS QUE RUEDA EN CANARIAS, ¿CÓMO REFLEJA EL PAISAJE?

–El paisaje es un personaje más. Es un marco, te hace entender a los habitantes de ese paisaje o territorio. No se puede separar una cosa de la otra porque lo importante es respetar y observar el lugar y a sus habitantes. Igual de importante es mirar un garaje en Brooklyn que un barrio de cualquier pueblo de la geografía de nuestras islas.

–PERO EN EL CASO CANARIO, ¿CÓMO CONDICIONA EL PAISAJE A SUS PERSONAJES?

–Es muy difícil separar el lugar de donde uno es con el que uno imagina. El lugar es como sus gentes y cómo te relacionas con ellas, eso es lo que te hace como persona. Al final generas un punto de vista, que es algo inseparable, y más en un cine como el mío tan personal y tan alejado de los convencionalismos del cine industrial.

–¿CÓMO LE CONDICIONA LA INSULARIDAD?

–Me afecta en esa idea de descubrir lo exótico de lo que tenemos. Lo no convencional y para darte cuenta de ello es importante estar fuera un tiempo porque te hace dar cuenta de las particularidades de dónde eres, todo adopta otra importancia, otro cariz y luego está el componente que yo como espectador analizo el cine que me gusta, un cine se sale de los lugares comunes, que empieza a convertirse en algo mágico y que es clave, como cuando eras un niño y pensabas que todo aquello que veías en la pantalla era verdad.

–EN SU CASO, ¿LA INSULARIDAD APRIETA?

–No, en nada, al final me he dado cuenta que cada uno vive en su insularidad. Su casa, su barrio, su círculo de amigos. El campamento base de Canarias me parece ideal porque estás cerca de lo que uno quiere y eso no tiene precio.

–¿PIENSA QUE VIVIMOS EN UNA TIERRA CON UNA IDENTIDAD COMÚN?

–Hay muchas cosas comunes pero lo más lindo es que hay muchas particularidades en cada isla, en cada barranco, en cada pliegue de nuestra geografía y eso en realidad es lo que más me interesa: rebuscar y encontrar esa cosa que se convierte en particularidades más que los lugares comunes. Hay un problema en la idea del folclorismo a partir de los 90 con la idea de instaurar los trajes típicos porque se pierde la identidad del tiempo en que viven esas personas. Vete a ver un *Tenderete* de los '80 y hay algo mágico al contemplar a esas gentes tocando con sus ropas y peinados de aquel momento. Tiene algo antiguo en lo que cantan, pero contemporáneo en lo que son. El exceso de reglamentación hace que se pierda lo fresco, entre lo que entendemos que tenía que ser y lo de ahora.

–¿LE PARECE FALSO?

–Me parece que estamos perdiendo la posibilidad de ver en el futuro imágenes como la de los '80, de rondallas donde sus miembros van vestidos con ropas de aquel tiempo. No nos dirán nada nuevo de lo que está estipulado, pero hay algo interesante en que las cosas se mezclen en lo que entendemos entre tradición y contemporaneidad.

–HAY UNA PREOCUPACIÓN, DIRÍA QUE GENERACIONAL, POR LA QUE LOS CINEASTAS DE AHORA HABLAN DE CANARIAS Y CUENTAN HISTORIAS QUE SE DESARROLLAN AQUÍ. ANTES NO ERA ASÍ.

–Hay un cambio de paradigma con respecto a las generaciones anteriores, los logros que han conseguido otros para qué los vas a conseguir tú, pero la idea principal es el cambio de paradigma, un cine desde los lugares que se habita. No se hace cine para llegar a Hollywood porque ahora se quiere contar cosas desde tus territorios y eso es algo lindo. Lo que estuvieron delante hicieron un camino muy fuerte e interesante: Fresnadillo ya ha hecho el sueño americano del cineasta europeo pero hay un cambio no solo aquí sino también en otras cinematografías como el nuevo cine gallego, el valenciano... En este momento las búsquedas están en otro lado.

–NO HAY MIEDO DE CONTAR HISTORIAS QUE TRANSCURRAN AQUÍ.

–Hay algo que sucede también en la literatura en los últimos años con Andrea Abreu, Meryem El Medati, Aida González Rossi, y es algo a poner en valor porque todo lo que tenemos relacionado con nuestra forma de hablar nos suena a costumbrismo pero de pronto hay una transformación, como las que han hecho estas tres escritoras que abordan temáticas clásicas, todas lo son, desde nuestro territorio con el lenguaje del lugar y con una contemporaneidad, frescura y alegría que da alegría leerlas.

–HISTORIAS LOCALES CON ALCANCE UNIVERSAL.

–*Supersaurio* es como *Ally McBeal* pero en Gran Canaria. *Panza de burro* son dos niñas y te cuenta la historia de una niña de pueblo que tiene una idea de la playa como algo que está súper lejano y que me parece lindo e interesante de tratar, la profundidad de las islas, que no hay conexión con el mar y en donde el mar se convierte en un anhelo, y estas dos adolescentes cómo anhelan que las lleven a la playa y *Leche condensada*, que es una historia trágica de fondo y lees al final cómo la persona acepta lo que le ha sucedido.

–¿PREPARA ALGO NUEVO?

–Estamos en desarrollo, una fase embrionaria y muy divertida porque cada vez estoy más contento de disfrutar con las diferentes fases del proceso. Se tiene una imagen idealizada del rodaje pero el proceso de una película es mucho más porque el rodaje es un porcentaje mínimo de tiempo que le dedicamos a levantar estos milagros. Estamos ahora con la escaleta de la película y sobre qué es lo que nos apetece rodar porque por muy bien que nos vaya nadie nos quita cinco años para levantar un proyecto. ¿Con quién quieres rodar y trabajar? Porque vas a compartir con ellos un tiempo de tu vida. En estos momentos trabajamos una historia que se plantea a finales del siglo XVI en La Gomera. Hay personajes históricos como Beatriz de Bobadilla ya que tenemos como referente la novela *La señora. Beatriz de Bobadilla Señora de Gomera y Fierro*[7], de Carlos Álvarez. Estamos al principio de armar el proyecto y disfrutando mucho de esta parte con la esperanza de disfrutarlas de todas. Si soy realista con los tiempos, comenzaríamos a rodar en 2027 o el 2026 en el mejor de los casos con un presupuesto entre 1 o 2 millones de euros.

—LLEGAMOS A *RENDIR LOS MACHOS*. ¿CAMBIARÍA ALGO DE ESTA PELÍCULA?

—Es complejo porque es tanto el tiempo que se diluyen los por qué iniciales. En realidad, era contar una película que confrontase la idea de la tradición y la contemporaneidad, lo material y lo espiritual en torno a la idea del padre muerto y unos personajes protagonistas que son los hijos que no se llevan y como el padre a través de una tradición local los obliga a convivir unos días para cumplir su última voluntad con la esperanza de que el tiempo compartido los haga cambiar. Todo esto es un juego con la idea de las tradiciones o de la propia religión que se convierte en dogma y que al final no deja de ser ficciones concebidas hace equis tiempo y a las que nos aferramos y se convierten en elementos de identidad común que no dejan de ser ocurrencias de alguien en un momento dado. *Rendir los machos* es una tradición que no existe y que construimos analizando como son las tradiciones tanto locales como de otros sitios y que se mantienen en el tiempo porque tienen algo que las hace funcionar.

---

[7] Beatriz de Bobadilla (Medina del Campo, década de 1460-Medina del Campo, octubre de 1504) fue una dama castellana de la corte de los Reyes Católicos conocida por ser señora de las islas de La Gomera y El Hierro al casarse con Hernán Peraza el Joven, siendo uno de los personajes femeninos más destacados de la historia de Canarias. Carlos Álvarez, escritor y guionista, así como responsable de la editorial digital Una hora antes le dedicó una espléndida biografía novelada: *La Señora. Beatriz de Bobadilla, señora de Gomera y Fierro*.

–Y ES RESPONSABLE DE UN DOCUMENTAL, UN VOLCÁN HABITADO, QUE RUEDA CON JOSÉ VÍCTOR FUENTES. ¿CÓMO FUE CODIRIGIR?

–Si *Rendir los machos* es una película que llevó ocho años levantarla *Un volcán habitado* es una experiencia contraria ya que está vinculada a un elemento natural, la erupción de un volcán que no sabes cuándo empieza ni cuando termina. Se vive en la incertidumbre y eso te hace construir de otra manera lo que ha hecho que el proyecto se haga así. La idea de la codirección, a la que uno le tiene miedo porque la creación es una lucha, ha sido muy interesante. El equipo era muy pequeño, José Víctor, Isabel Arencibia como productora; Fernando Alcántara como montador; Raúl Capote, en la música y María Vera, en distribución. Al ser tan pequeño el equipo se ha convertido en importante dialogar la película antes de filmarla. Al final ha sido como un juego de *ping pong* donde todas las piezas han sido mezcladas. Es una película que se construye con denominadores comunes de mi cine, como planos fijos, la idea de construir un minimalismo y se apoya en audios reales de *WhatsApp* de amigos y de gente de los Llanos y de El Paso. Es interesante que el espectador viaje por las emociones que se vivieron en ese proceso y se abandonase la idea de que no era una película de catástrofes sino más de amistad.

–¿ESTABLECERÍA UN DIAGNÓSTICO DEL CINE QUE SE RUEDA EN LA ACTUALIDAD POR CANARIOS EN CANARIAS?

–Creo que estamos mejor que hace cinco o seis años, pero hay mucho por hacer. Tenemos que andar con cuidado y fomentar la capacidad de diálogo entre las diferentes partes del sector porque esto es más grande que la película de cada uno y va más allá de una idea de industria, sino que se trata de algo clave en nuestro territorio que hasta ahora se ha vendido al monocultivo del turismo y que pide la diversificación. Es importante que todas las partes implicadas en este trabajo dialoguen: las instituciones, las asociaciones y sigan trabajando en la mejora que es lo que se está haciendo hasta ahora.

–¿QUÉ MEJORARÍA DE LAS POLÍTICAS PÚBLICAS?

–Hay diálogo y es algo que me digo a mi mismo porque a veces entrar a ser parte de este diálogo requiere de tiempo y esfuerzo y a veces no lo tienes y es importante que todos estemos conectados y analíticos con lo que se hace y ser conscientes que estamos en un momento interesante. Cada vez hay más producciones foráneas que vienen a las islas a rodar películas y aparecen gran cantidad de cineastas locales que producen y muestran sus piezas. Es grato sentirse parte de una generación en la que quince o veinte cineastas, algunos de ellos emergentes, generen sus cosas. La gente, además, está cada vez mejor formada y puede hacer mejor su trabajo.

–¿Y CUÁLES SON LOS PROBLEMAS MÁS GRAVES ANTE LOS QUE SE ENFRENTA EL CINEASTA CANARIO?

–Los que encuentra cualquier cineasta fuera de la industria ya que levantar un proyecto no te garantiza un rédito dinerario directo, aunque no es solo una cuestión de dinero sino de mañas, la de generar una identidad y una autoestima en la sociedad. Algunos de los hitos que se han conseguido en los últimos años son las producciones de El viaje, que lo hace desde aquí, desde Tenerife y Octavio Guerra, entre otros.

–¿Y QUÉ ESTRATEGIAS POSIBLES PLANTEARÍA PARA GENERAR QUE EL PÚBLICO VAYA A VER EL CINE QUE SE HACE EN LAS ISLAS?

–Es fundamental la idea que los escaparates sean la televisión y las plataformas. Estamos en un momento complejo porque no se sabe hacia dónde va esto, el cine como pantalla a la que asistir colectivamente está en peligro de extinción, hay algo clave y es la ventana de la Televisión Autonómica, en la que cualquier canario debería de haber visto *Guarapo* o cualquier película canaria histórica y hasta de nuestro tiempo en vez de poner tantos espaguetis *western*.

–¿Cómo tratan los festivales de cine el cine canario?

–Cada vez mejor, a lo mejor hace quince años había una sensación de gueto, de secciones locales dentro de los festivales y con la inexperiencia uno lo veía como un menosprecio a tu obra, pero ahora, pasado el tiempo, creo que es importante que haya espacios para que los cineastas locales tengan presencia en esos festivales. Y cada vez son mejores esas secciones y a mí me pasa que ahora me siento agradecido cuando estoy en una sección de cine canario porque no es tan fácil entrar ahí y eso es lindo.

–¿Benefician los rodajes nacionales y extranjeros que se están realizando en las islas?

–Es una alegría llamar a colegas porque vas a rodar algo y que te respondan que no pueden venir porque están trabajando seis meses en una serie noruega... Habrá que mejorar las condiciones de estos trabajadores, pero hasta hace pocos años no existía esa posibilidad.

FILMOGRAFÍA

Cortometrajes:
Vagy (2006).
Gallos (2007).
Compañía (2007).
Fast Love (2007).
La tumbá (2008).
Red Dog (2009).
Belunglus (2009).
Como el viento (2009).
Modismos (2010).
Apostasía (2010).
Destino (2011).

Ciudad XXI (2011).
Fondo o forma (2011).
Hibernando (2011).
Zalamea Borders (2012).
Conversando con Federico (2013).
Extrañas (2013).
Por la puerta grande (2013).
La puja del macho (2013).
A lo oscuro más seguro (2013).
La pasión de Judas (2014).
Tres corderos (2014).
Comemierda (2014).
Fiesta de pijamas (2015).
Tres corderos (2015).
Caídos (2015).
El polinizador (2016).
El desembarco (2016).
El becerro pintado (2017).
Los elefantes de Escipión (2017).
El sueño del beato (2018).
BUM (2018).
Cancionero latino vol. 1 (2019).
El intercambio (2019).
Arte contemporáneo (2020).
Madriguera (2020).
Réquiem por la fiesta (2021).
Réquiem por la fiesta (2022).

LARGOMETRAJES:

Rendir los machos (2021).
Un volcán habitado (2023), codirigido con José Víctor Fuentes.

«EL CINE CANARIO NO EXISTE PORQUE NO SE TIENDEN PUENTES»

ARMANDO RAVELO

Armando Ravelo se ha hecho un nombre en el cine que se rueda en la actualidad en las islas por reconstruir, con algunas licencias, la vida de los primeros pobladores de Canarias, *los antiguos* como los conocen algunos de los entrevistados. Es director de varios cortos así como de los largometrajes: *La piel del volcán* y *Érase una vez en Canarias*, películas que han tenido un amplio recorrido por el archipiélago. El cineasta anunció recientemente que abandonaba su prometedora carrera cinematográfica por razones que explicamos en la nota al pie de la página 13.

–¿RECUERDA CUÁNDO SE DESPERTÓ EN USTED SU AFICIÓN POR EL CINE?

–Me viene de niño, de cuando a mi abuelo le regalaron una cámara y al único de casa que se la daba era a mí, que rodaba películas con mis primos. De mayor quise siempre ser cineasta, pero por el complejo que arrastramos los canarios de que «aquí no se podían hacer estas cosas» no fue hasta que cumplí los

treinta cuando rodé mi primer cortometraje profesional que obtuvo un éxito relativo en las islas. Interés que me hizo ver que
había un nicho. Quería hacer muchas cosas y me tomé más en
serio el cine hasta que poco a poco se fue convirtiendo en una
profesión en la que intenté ser empresario porque no había productoras que me dieran soporte, un paso que aprendí con el
tiempo.

–¿QUÉ IMPORTANCIA LE DA AL PAISAJE EN SUS PELÍCULAS?

–Como mi cine está pensando desde Canarias, el espacio natural es un personaje más, forma parte de la historia en sí, no lo
disocio. Si cuenta la vida de una persona del campo en Valsequi-
llo, el paisaje de la zona forma parte del filme. Forma parte del
discurso y del personaje, el hombre de campo, el hecho de trabajar con las manos, con la tierra. El territorio nos forma y nos
conforma, es un espacio humano y físico, forma parte de una
misma reflexión narrativa por así decirlo.

–ESE PAISAJE, ¿HA CONDICIONADO PARA BIEN O PARA MAL A
LOS CANARIOS?

–Creo que depende, en esta última película, *Érase una vez en
Canarias*, hay un capítulo en el que estamos en una ciudad que
está saturada de gente y de ruidos. No es un sitio idóneo para el
trato humano y las enfermedades reflejan la decrepitud del propio lugar. En el campo se vive mejor, hay valores, la gente se
saluda y se mira a los ojos y eso se ve también en la película, es
una cuestión natural, pero se insiste en esa reflexión.

–MUCHAS DE SUS PELÍCULAS ESTÁN RODADAS EN ESPACIOS
ABIERTOS.

–Hay una mitología por construir y eso es lo interesante. Hay
un mundo muy poco representado y los cineastas han intentado
copiar fórmulas foráneas, imitar esas fórmulas para contar la
historia de su tierra. En este aspecto, hemos intentado imitar

cosas que vemos, pero si imitamos a los grandes contemos historias nuestras, descubriendo quienes somos o quienes fueron nuestros antepasados a través del cine histórico lo que a mí, al menos, me parecía interesante definir. Se puede hacer mejor, hacerlo más pegado a la realidad, pero en mi caso me permito algunas licencias porque esa falta de representación hace que lo que presento parezca hiperrealista o realista.

–¿SOMOS UN ARCHIPIÉLAGO CON SEÑAS DE IDENTIDAD COMUNES?

–Sí, pero el espacio físico de cada isla condiciona el carácter, aunque nos define nuestra historia como el caciquismo en Canarias, incluso en la etapa indígena, lo que se perpetuó hasta la actualidad: el discurso político de *no protestes porque te estamos dando trabajo*, pero cada canario tiene sus particularidades dependiendo de cada isla.

–¿DE DÓNDE ARRANCA ESE INTERÉS POR RETRATAR A LOS PRIMEROS HABITANTES DE CANARIAS?

–Viene porque cuando veía cine de fuera me gustaba mucho el de Kurosawa y cómo representaba el mundo de los samuráis, que me parecía precioso y quería hacerlo, pero aquí. Los guanches era un mundo desconocido que fui descubriendo y está lleno de historias fascinantes. La figura de Oramas es una historia épica, con batallas impresionantes y es un personaje bastante desconocido para el público en general. La gran pregunta es por qué no lo hizo nadie antes.

–¿RECONOCE CONSTANTES EN SU CINE?

–El juego del tiempo, de ir para delante como para atrás. Mirar el pasado para entender el presente e intentar descifrarlo.

–¿Cineasta intuitivo o cerebral?

–Una mezcla. Lo que no quiere decir que lo haga bien, pero hay una mezcla de las dos cosas, aunque quizá sea más intuitivo que intelectual. Entender la mirada y perfeccionarla e intuitivo porque me dejo llevar por los elementos y cuando coges experiencia te vas dejando llevar por el talento de los demás, confías en ellos, entiendes que los demás son artistas y que pueden aportar cosas.

–¿Cuál es su diagnóstico del cine en Canarias?

–Hay mucho talento y gente con capacidad, jóvenes sin complejos lo que es una buena noticia. A nivel político se intentan adoptar fórmulas foráneas sin entender que Canarias tiene otra realidad ya que llevamos décadas de retraso comparado con Galicia y Andalucía mientras se intenta imitar su modelo. Hay que fomentar el talento local, la formación. El arte de contar historias es muy complejo y no se pueden imponer formas que aquí no casan aún. Hay que trabajar mucho más y centrar el foco en lo creadores y creadoras. Hay que trabajarlo mucho más, fomentar la producción, que es muy compleja en Canarias, además en cuanto a la cuestión diferenciadora, se han adueñado de la palabra canariedad. Las ayudas han mejorado un poco en esta última etapa pero parece que les da un poco de pudor apoyar proyectos con elementos diferenciadores y comunes que nos distinguen a los canarios y que al final es los que nos hace más ricos y diversos.

–¿Qué mejoraría de las políticas públicas de apoyo al cine?

–Haría campañas para que la apreciación del público sobre el cine canario cambiara y ayudaría en la formación y enseñaría a un emprendedor a levantar un proyecto porque una subvención no es levantar un proyecto. Hay muchos proyectos que se llevan mucho dinero, pero ¿dónde están? La película hay que defenderla en las salas y que la gente la vea. Los festivales están bien, benefician al creador, pero ¿y el público? Tiene que haber un equilibrio. Hace falta mucha formación y conciencia y que la mirada sea más diversa en cuanto a los proyecto que se presentan porque en Canarias se han apoyado mucho los trabajos alternativos pero deben de haber películas de otro tipo con el fin de fomentar miradas diversas.

–¿CÓMO TRATAN LOS FESTIVALES AL CINE CANARIO?

–Los festivales no me interesan en general porque algunos en su sección de cine canario no nos miran con dignidad. Nos falta establecer puentes con los espectadores locales y de fuera, el cine canario no existe porque no se tienden puentes.

–¿Y QUÉ PIENSA DE LOS RODAJES NACIONALES Y EXTRANJEROS QUE SE HACEN LAS ISLAS? ¿SON BENEFICIOSO PARA CANARIAS?

–No es lo mismo vender articulos de deportes que hacer deporte o no es lo mismo hacer cine canario que cine en Canarias.

FILMOGRAFÍA

CORTOMETRAJES:

Ansite (2012).
Monstruo (2014).
El canto del monstruo (2015).
Estela (2015).
Mah (2016).
La tribu de las 7 islas (2017).
La cueva de las mujeres (2018).
Sara y Darmo, y los oficios artesanos (2019).
Los ojos de la tierra (2019).

LARGOMETRAJES:

La piel del volcán (2021), largometraje.
Érase una vez Canarias (2023), largometraje.

«AQUÍ SE VIVE EN UN PARAÍSO QUE NO ES REAL»

OMAR RAZZAK

Cuenta que cuando estudiaba en la facultad solo veía películas de Éric Rohmer y que los primeros recuerdos de cine los tiene junto a su madre viendo *¡Qué grande es el cine!*, aquel espacio de televisión que dirigía y presentaba José Luis Garci rodeado de amigos, todos ellos envueltos en una nube de humo de cuando se podía fumar en televisión. Parte de este aprendizaje se aprecia en las películas que escribe Omar Razzak, sea en el formato del dibujo animado, así como con personajes de carne y hueso. Ahora, la mirada del cineasta se proyecta con una turbiedad necesaria en *Matar cangrejos*, un largometraje de ficción que reflexiona entre otros muchos asuntos sobre Canarias y su territorio.

–¿RECUERDA CUÁNDO SE DESPIERTA EN USTED EL INTERÉS POR EL CINE?

–He visto mucho cine desde pequeño. Mi madre iba mucho al cine y yo iba con ella, veíamos también el programa de Garci, *¡Qué grande es el cine!* y lo grababa para ver al día siguiente el debate. Tengo dos películas que recuerdo especialmente de aquellos años. A mi madre le gustaba Woody Allen e Ingmar Bergman. De hecho, vi de pequeño *La vergüenza*[8] que no entendí nada pero que me pareció fascinante y otra que me gustó mucho, *El día de la bestia*[9], que disfruté en un cine de verano en las Américas y esa combinación de Bergman y un cine más *mainstream* me marcó. Después estudié ingeniería, una especialidad de la carrera de Telecomunicaciones, pero la gente solo hablaba allí de números y de nada más hasta que descubrir que mi sitio era la cafetería de la facultad, donde todo el mundo hablaba y contaba historias.

–HA DIRIGIDO PELÍCULAS DE FICCIÓN, DOCUMENTALES, DE ANIMACIÓN... ¿CUÁLES SON SUS CONSTANTES?

–Un amigo me dijo que mis películas tratan sobre la desaparición del paraíso, y pasa lo mismo en *Matar cangrejos*. En las películas de animación me interesa indagar en una identidad mezclada, digamos que la mía propia ya que mi familia es árabe y musulmana y mi mujer, judía. Aquí, en las islas, siempre me llamaron moro y nunca he terminado de hablar el canario bien como tampoco el godo, el peninsular en la península. Mi identidad es como si mutara y en la necesidad de cómo puedo ser aceptado en cada sitio y creo que eso se debe ver en las películas que rodamos.

---

[8] *La vergüenza* es una película del cineasta sueco Ingmar Bergman de finales de los años sesenta que protagonizan Liv Ullman y Max Von Sydow.

[9] *El día de la bestia* es una película del director Álex de la Iglesia del año 1995 protagonizada, entre otros, por Álex Angulo y Santiago Segura.

–¿Es Matar cangrejos su película más canaria?

–Sí, pero es una película también sobre la familia, da igual que ésta sea o no canaria porque se mueve en ese contexto, que es el que conozco y habla de un momento en el que cada provincia quiso tener su gran acontecimiento.

–Matar cangrejos es una película que trata muy bien el escenario, el paisaje, ¿era esa la intención?

–El canario tiene un concepto de su tierra como lo más cercano al paraíso, pero paraíso ¿para quién? En todo caso, es un paraíso inventado, de plástico y de postal, que es un poco lo que se quería vender fuera. A Michael Jackson lo reciben a pie de pista dos niños vestidos con trajes de magos canarios y luego lo llevaron al Loro Parque. ¿Quiénes somos? ¿Somos esos niños disfrazados de magos, los que recibieron a Michael Jackson? Quería dar una vuelta a eso, preguntarme por qué seguimos dibujando la isla con un loro, es una representación casi neocolonialista.

–En la película retrata la realidad de Canarias de aquellos años y sus protagonistas son miembros de una familia de clase media baja. La figura del padre tampoco aparece...

–Lo hice así básicamente porque representaba la mezcla. Por un lado está el hijo de una familia monoparental, sin padre, en una época en la que ocurría una cosa y es que los padres no existían en todos los términos porque si bien el padre era el padre (el que trabaja, el que llevaba dinero a casa) su presencia en la familia apenas existía. Ese mundo, el de la familia, era el mundo de las madres y eso me parecía interesante. El contraste que venga un señor en un Jet privado y que la gente de aquí tenga mientras tanto la función de limpiarles el culo a los turistas que vienen. Y no, no estoy en contra del turismo, lo que me interesaba era mostrar a una mujer que vive de los turistas.

–Pero insisto, el paisaje es otro de los grandes prota- gonistas de *Matar cangrejos*.

–La película, que está rodada en *scope*, la protagonizan unos niños que se mueven en un entorno que hay a su alrededor pero que casi no viven pero que está ahí y eso te hace y el *scope* me ayudaba a encerrar ese espacio. Mostrarlos paseando por ciertos espacios desérticos y transmitir la idea de que esa Canarias tropical no tiene nada que ver con la que es, un sitio realmente duro.

–¿Conocía los escenarios en los que se desarrolla la película?

–No todos pero sí la mayoría. Mi colegio estaba cerca de Boca Cangrejo y mi madre trabajaba en el aeropuerto y un grupo de música del que era miembro ensayaba cerca del aeropuerto también. Cuando empecé a escribir la película se ambientaba en Varadero pero se rodó en Boca Cangrejo y en otras localizaciones como Punta Pachona.

–El paisaje es un personaje más en la película.

–En el guion y en el proyecto con mucho más alcance que lo que al final tuvo en la película. Me pasa con otros trabajos anteriores también. En *Matar cangrejos* el mamotreto debía de tener un mayor protagonismo ya que es un lugar que representa para mi ese maltrato al que se somete a la isla y un espacio que ha terminado por convertirse en un sitio en el que se acumula mierda y más mierda que casi recuerda que aquí se puede construir y dejar a medias la obra. Dejarla ahí, como tirada. Hay una presencia constante del paisaje en la película, pero trabajé más el paisaje sonoro como los aviones que surcan el cielo. Para mí lo importante en la película era reflejar el paisaje sonoro todo el rato. Los ruidos molestos, el mar, los aviones...

-¿CON QUÉ INTENCIÓN?

-Cuántos millones de turistas vienen al año a la isla. Por qué tengo que soportar ese ruido. Y luego el mar y esa idealización de que aquí se vive en un paraíso que no es real.

-ENTRE LO QUE DESTACA EN LA PELÍCULA ES SU TRABAJO CON LOS ACTORES. SOBRE TODO CON LOS MÁS JÓVENES. ¿CÓMO CONSIGUIÓ SACARLES ESAS INTERPRETACIONES?

-Dedicándoles mucho tiempo, seis meses de ensayos en los que estaba con ellos, o en mi casa o en casa de la madre y de la abuela de los niños. Hacíamos teatrillos. La idea es que los niños estuvieran juntos mucho tiempo. El único problema de Paula es que la que tenía resultaba más dulce y bonita de lo que buscaba al principio y lo mismo me pasó con el niño. Necesito trabajar con gente muy cerca porque tiene que haber química y esa y no otra es mi forma de trabajar, quería que los niños cogiesen confianza. Paula es muy buena, entendió toda la película y realmente fue sencillo trabajar con ella porque clavaba las escenas. El problema con el niño es que se cansaba muy rápido y la actriz que hace la madre como es actriz a la cuarta toma ya era la buena porque previamente necesitaba calentar. Fue un *casting* largo pero muchos actores llegaron por otro lado.

-LOS PROTAGONISTAS HABLAN COMO HABLAMOS EN CANA-RIAS, ¿CREO QUE CUANDO HIZO UN PASE EN MADRID LE RECO-MENDARON QUE LA SUBTITULARA, ES VERDAD?

-Hice muchos pases técnicos y a veces la gente no entendía, sobre todo al personaje de Mingo porque no vocalizaba bien y tuvimos que doblarlo.

–Empiezo a ver películas canarias muy estimables que cuentan historias canarias con vocación universal. No sé si esto es una buena señal.

–Yo eso no lo tengo muy claro. Hay apoyo económico del Gobierno de Canarias y cabildos que ayudan pero es una pregunta complicada.

–Otra complicada, ¿cree realmente que existe una identidad canaria?

–Es fácil decir que no es canario. Por ejemplo, cuando saco el pasaporte y digo mi nombre para algunos no soy canario así que, ¿para qué sirven las identidades? Sirven para que las usen los políticos y las marcas publicitarias, pero para otros es como si te expulsasen porque no tienes pureza.

–¿Cree que Matar cangrejos hubiera sido la misma película si la hubiera rodado en otro sitio?

–No, por la idiosincrasia. Cada lugar tiene su propia forma de ser.

–¿Está trabajando en algo nuevo?

–Sí, ahora trabajo con mi mujer en un filme justamente sobre temas identitarios. Hacemos un recorrido por las religiones y los grupos étnicos en Israel, y viajamos por todos sitios un poco para entender cómo si mi mujer tiene un hijo conmigo va a ser aceptado en ese país donde tu descendencia marca la identidad. Es como un diálogo entre ella y yo, ella hace la animación y yo hice el documental, que está planteado como un diario, un diario de viaje.

–¿Se siente más cómodo rodando documentales?

–No, el caso es que me aburro muy rápido así que cuando hago un proyecto el siguiente suele ser muy distinto.

–¿CUÁL SERÍA SU DIAGNÓSTICO DEL CINE QUE LOS CINEAS-TAS CANARIOS ESTÁN HACIENDO EN LA ACTUALIDAD?

–Creo que el actual es bastante bueno. En los últimos años se están produciendo muchas películas, algunas muy interesante, que viajan por toda España e incluso fuera. Es un momento muy atractivo y con un cine muy variado porque lo que hacemos no tiene nada que ver con lo que hace el otro, aunque tratemos temas comunes, como la isla.

–¿Y QUE MEJORARÍA DE LAS POLÍTICAS PÚBLICAS DE APOYO AL CINE?

–Me molesta lo de la canariedad que promueve el Gobierno de Canarias y la Televisión Canaria ya que, si tengo una película igual de buena que otra, si la otra toca temas canarios tiene tres puntos y la mía no. Esa decisión me parece de catetos y de provincianos. Es ridículo que sea así y eso me enfada mucho. Que dejen libres a los creadores, lo otro es poner cotas.

–¿Y CUÁLES SON LOS OTROS PROBLEMAS MÁS GRAVES ANTE LOS QUE SE ENCUENTRA EL CINEASTA CANARIO?

–El hecho de que es más caro rodar aquí que en la península. *Matar cangrejos* hubiera costado la mitad en Madrid.

–¿QUÉ HACE FALTA PARA PROMOCIONAR AL CINE CANARIO?

–Obligaría a que se gastase en promoción porque si haces películas en las que se han invertido un montón de subvenciones sin publicidad esas películas no van a ningún sitio. Hay que gastarse dinero en promoción. No digo que el Instituto Canario de Desarrollo Cultural lo gaste, pero sí que lo haga el productor.

–¿TRATAN BIEN LOS FESTIVALES DE CINE QUE SE CELEBRAN EN LAS ISLAS AL QUE LOS CANARIOS RUEDAN EN LAS ISLAS?

–Yo creo que muy bien. He estado en el de Las Palmas de Gran Canaria, al que suelo ir todos los años y tiene una programación buenísima y si bien es verdad que le falta que vaya gente a las salas, su labor es irreprochable. La muestra de cine de Lanzarote es una maravilla, las películas se exhiben en una sala pequeña y siempre está llena de espectadores. No he estado en MiradasDoc pero recuerdo que Tenerife Shorts estaba súper bien cuando se celebraba en La Laguna aunque ahora ha vuelto a Santa Cruz. El director de este certamen se trabaja mucho la programación y trata de traer cortos que no se han visto.

–¿LOS RODAJES NACIONALES Y EXTRANJEROS QUE SE HACEN EN CANARIAS BENEFICIAN AL CINE QUE SE HACE AQUÍ?

–No sabría decirlo porque no estoy muy vinculado a estos rodajes pero la gente que conozco y que trabaja en estas cintas creo que les ha ido bien. Uno de los problemas es que si intentas ahora alquilar un sitio los precios se han puesto por las nubes y eso afecta al rodaje de películas canarias, pero es verdad que está dando mucho trabajo, la gente se forma y aprende. Por otro lado, los niveles de exigencia de las ayudas son inviables. Es ridículo que tengas una productora en la que estamos solo dos personas frente a otra peninsular que ha puesto aquí una oficina.

–¿QUÉ ELEMENTOS SON LOS QUE MÁS LE PREOCUPAN EN SU CINE?

–El *casting*. Yo hago animación, el problema es que la animación nunca va a competir con un rostro. La gente quiere ver gente. Me preocupan el guion y el *casting*, ambos me parecen fundamentales.

–Y CÓMO SE RECONOCE COMO CINEASTA, ¿INTUITIVO O CEREBRAL?

–Más intuitivo que cerebral, trabajo mucho las cosas antes pero cuando llego al rodaje siento que no las tengo controladas del todo.

FILMOGRAFÍA

Formado en Madrid y París (Comunicación Audiovisual en la UCM y Máster en Creación y Gestión de Cine en la URJC), Omar Razzak es fundador de Tourmalet Films y ha producido largometrajes. Como director ha estrenado los documentales *Paradiso*, Premio Rizoma y parte del ciclo *Un impulso colectivo*, y *La tempestad calmada* y ha codirigido cortometrajes de animación como *Los Espacios confinados, La prima cosa, Las invasiones biológicas* y *El caso del Ovis orientalis musimon en la isla de Tenerife: El último muflón*. Es el guionista y director del largometraje *Matar cangrejos* (2023).

«NOTAMOS QUE AQUÍ, EN LAS ISLAS, HABÍA UNA FALTA TERRIBLE DE AUTOESTIMA»

TEODORO Y SANTIAGO RÍOS

Si los hermanos Ríos no hubiesen podido rodar ni estrenar *Guarapo* (1989) la historia del cine canario hubiese sido otra. Probablemente ni habría existido y si existiese sería otra cosa. Responsables de una trilogía de largometrajes esencial para entender muchas de las claves de esta tierra, su influencia llega hasta la actualidad, sobre todo porque si algo se les debe a los hermanos Ríos fue la de contar Canarias con una dignidad, respeto y cariño que hace que su obra se mantenga con el aroma de los clásicos.

–CREO QUE *TALPA* ES LA PRIMERA PELÍCULA QUE RUEDAN, ¿VERDAD?

–[Santiago Ríos] Antes de *Talpa* habíamos hecho un ensayo, alucinaciones, que tenía que ver con los guanches y que rodamos en varios sitios arqueológicos de la costa sur de Tenerife.

–[Teodoro Ríos] Se trata de un trabajo demasiado *amateur*.

–[Santiago Ríos] Es de 1972.

–¿QUÉ RECUERDAN DE AQUELLOS TIEMPOS, EL CINE DE LOS '70 Y '80 QUE SE REALIZABA EN LAS ISLAS?

–[S. R.] Seguía los debates en el Círculo de Bellas Artes, aquí, en la capital tinerfeña y en donde formamos la primera asociación de cine en la que Teo era presidente y Roberto Rodríguez, vicepresidente. Yo fui uno de los vocales y me tocó tratar con el censor con el objeto de distraerlo en los momentos claves de las películas. Recuerdo aquella época con mucho entusiasmo y de alguna manera fuimos como apóstoles al difundir por toda Canarias el cine que se estaba haciendo aquí con exhibiciones y charlas.

–[T. R.] Se creó una sección de cine en el Círculo de Bellas Artes durante la dictadura franquista y las películas tenían que pasar por aquel entonces ante la censura.

–[S. R.] A las sesiones iba la policía secreta.

–[T. R.] Es que las sesiones se llenaban y en ocasiones incluso se tenían que repetir.

–[S. R.] Cuando hicimos *El país de los hombres azules* la sala se llenó de público y alguien dijo que era el *boom* del cine canario.

–¿CUÁNDO SE DESPIERTA EN USTEDES LA IDEA DE HACER CINE?

–[T. R.] Teníamos larvada la idea de contar historias en imágenes nos faltaba comprender la técnica de cómo hacerlo y eso nos viene desde La Habana. Hacíamos pinitos con una cámara Kodak que tenía nuestro padre.

–[S. R.] Nuestro padre ya nos filmó estando en la cuna y nuestro tío Santiago era un actor muy conocido en el cine y la televisión cubana de aquellos años. Trabajaba en la CMQ, que estaba justo detrás del cine Yara y nos llevó una vez. Aún recuerdo la sensación de estar dentro de la sala de proyección de aquellos estudios y la exhibición de *La gaviota*, que era una película en la que mi tío además de dirigir, actuaba. Desde siempre, nuestra familia estuvo vinculada a las artes. La pintura, con mi padre; mi madre actuaba y cantaba en el teatro *amateur*. Fue como si desde pequeño nos inyectaran como una especie de veneno artístico.

–Y LLEGA GUARAPO, AUNQUE CREO QUE LA IDEA VENÍA DE ATRÁS.

–[S. R.] Once años antes, cuando una tarde en la que estábamos hablando con un campesino en los altos de Valle Gran Rey, en La Gomera, se nos ocurrió la idea. Estábamos en la isla porque rodábamos en 35 mm un trabajo para el patronato de las islas occidentales.

–¿QUÉ TRATAMIENTO LE HAN DADO AL PAISAJE EN SUS PELÍCULAS?

–[T. R.] Intentamos transmitir nuestro cariño por Canarias ya que al venir de Cuba notamos que aquí, en las islas, había una falta terrible de autoestima y de identidad y pensamos que había que hablar de nuestras cosas. Desde el primer momento quisimos mostrar nuestro cariño por nuestra tierra y ese cariño queda plasmado en todas nuestras películas. Ciertas personas criticaron *Guarapo* porque decían que resultaba demasiado paisajista pero no se daban cuenta que en esta película el paisaje es un personaje más.

–[S. R.] Lo del paisaje lo dijo un comentarista de radio de cuyo nombre no quiero acordarme. En La Gomera se ve el paisaje, otra cosa es recrearse en el paisaje que es más para el cine turístico. Nosotros no entendíamos esa baja autoestima que todavía persiste, pero ya no tanto, en Canarias, y nos preguntaban cuándo íbamos a dejar de hacer cine en Canarias y respondíamos, pero si acabamos de empezar. Recuerdo en *Guarapo* sesiones en el cine donde la gente respondía con silbos en las escenas en las que los personajes se comunican de esta manera y que en todas las sesiones se aplaudía y así durante meses.

–LA EMIGRACIÓN ES UN TEMA TAMBIÉN CLAVE EN SUS TRES LARGOMETRAJES.

–[S. R.] Es la emigración, somos producto de ella. Nuestra madre nació en Buenos Aires de familia de Santa Cruz de Tenerife y nuestro padre en Cabaiguán (Cuba), de familia de Santa Cruz de La Palma y de Mazo. La emigración ya está ahí, por parte de nuestros abuelos y tatarabuelos paternos, que emigraron a Cuba.

–[T. R.] Incluso nuestro proyecto de *San Antonio de Texas* que aún estamos tratando de poner en marcha y que podría convertirse en una miniserie, trata de la emigración mientra que nuestro proyecto *Atlantes* se ocupa de la conquista de Canarias, una conquista que tratamos de frente, lo que no se ha hecho hasta ahora.

–¿CREEN QUE LAS ISLAS TIENEN UNA IDENTIDAD COMÚN?

–[T. R.] Creo que con el himno de *Vamos cantemos* y cuya música le encargamos a Benito Cabrera quisimos demostrar que Canarias es un solo territorio, una sobre el mismo mar, y fue un fenómeno, tanto, que se propuso para el Premio Canarias. Y antes hubo el fenómeno *Guarapo*, se produjo algo así como el fenómeno identitario de *Guarapo*.

–[S. R.] En nuestro cine hay dos grandes constante: la emigración y la identidad.

–DICEN QUE CUANDO LLEGARON NO ENCONTRARON DEMASIADA AUTOESTIMA ENTRE LOS CANARIOS. ¿CREEN QUE EL CINE TIENE AHORA MÁS AUTOESTIMA?

–[T. R.] Eso ya lo demostramos nosotros y ahora otros han seguido ese camino muchos años después. Nosotros estuvimos solos durante mucho tiempo, porque oficialmente seguía la falta de autoestima.

–¿QUÉ ES EXACTAMENTE PARA USTEDES LA CANARIEDAD, POR SI EXISTE ESA CANARIEDAD?

–[T. R.] Está por definir y tenemos que definirla en todo caso entre nosotros mismos.

–¿CÓMO VISLUMBRAN EL FUTURO DEL CINE?

–[T. R.] Ya son las plataformas. Los cines están cerrando, aunque a nosotros nos han puesto el nombre de un paseo al lado del barranco en el barrio de Salamanca, en Santa Cruz de Tenerife.

–¿COMO CINEASTAS SE RECONOCEN MÁS INTUITIVOS O REFLEXIVOS?

–[T. R.] Tenemos la intuición innata de lo artístico, procedemos de familia de artistas y lo llevamos dentro, pero somos reflexivos también porque lo que hemos querido hacer no era lo más fácil. Creamos nuestra propia productora y pusimos en riesgo nuestras pertenencias. Eso es lanzarse al vacío. Desde el punto de vista artístico somos más reflexivo en cuanto a lo que queremos hacer.

–[S. R.] Este es un ejemplo en el que se pasa del negro sobre blanco. En su tiempo nos preguntaban el presupuesto de *Guarapo* porque rodar en 35 mm era muy caro, pero hacíamos un escáner visual antes de filmar cada plano, fijándote que estaba todo y en la calidad de los movimientos y en la interrelación. En *Guarapo* tirábamos 3 a 1.

–Y EN SUS PELÍCULAS, ¿A QUÉ LE DAN MÁS PRIORIDAD, A LA HISTORIA O LA IMAGEN?

–[T. R.] La historia, la imagen en función de la historia.

–[S. R.] Conozco caso de cineastas que opinan que lo más interesante es el texto pero olvidan que en cine cuando escribes lo haces en imágenes y si no escribes bien y no necesitas un plano de cortes, te va a quedar cojo en la edición, así que procuras rodar porque estás pensando en el montaje.

–Si no me equivoco estuvieron a punto de rodar Mararía, la novela de Rafael Arozarena.

–[T. R.] Rafael Arozarena nos preguntó por qué no rodábamos *Mararía* pero los derechos ya los tenía entonces Yaiza Borges. *Guarapo* generó una bomba de entusiasmo ya que hizo posible lo que antes era solo posible.

–Y ¿cine canario?

–[S. R.] En los '70 y '80 ya se estaba con ese debate sobre cine canario o cine hecho en Canarias, un debate insoportable porque la ilusión en aquel tiempo era que saliera un *cinema novo* brasileño, o el cine cubano de después de la revolución que ignoró las películas anteriores, por cierto. Desde entonces, nosotros llevamos peleando por eso hace ya muchos años.

–En su filmografía a mí me gusta especialmente *El vuelo del guirre*.

–[T. R.] Fue una película que se mantuvo en el aire y que se estrenó en plena crisis. Teníamos una historia que queríamos contar pero sin productora nacional por en medio ni preventa, así que la hicimos al mínimo costo. ¿El resultado de la difusión? regional y el beneficio económico: cero y eso que cuenta con grandes interpretaciones tanto de Carlos Álvarez como Isabel Prinz, entre otros actores.

–¿Se atreverían a diagnosticar el estado del cine en Canarias en la actualidad?

–[T. R.] Se ha logrado atraer rodajes nacionales y extranjeros a las islas gracias a los beneficios fiscales y eso ha dado posibilidad al sector canario de participar a través de empresas que dan servicios de producción y eso quizá pueda ir a más. Tenemos que movernos también para sacar más proyectos canarios. Nosotros estamos en ello con *Atlantes*. Es un momento muy interesante, pero hay que sacarle rendimiento. Nuestro hermano Roberto ha sido contratado en tres películas de fuera como director de fotografía.

–¿QUÉ MEJORARÍAN DE LAS POLÍTICAS PÚBLICAS AL CINE CANARIO?

–[S. R.] Que inviertan más, es la petición de siempre. Nosotros pasamos por un bache cuando el *affaire Océano*[10], que fue la travesía en el desierto hasta que llegó la *Zeroloto* al no salir la Televisión Canaria y se hicieron cuatro películas: *Flor de cactus*, *La isla del infierno*, *Mararía* y *Mambí*, que fue una coproducción con Cuba y en la que estuvo implicado Eduardo Campoy.

–[T. R.] Hay que seguir fomentando las ayudas aunque ahora están absolutamente politizadas. El año pasado me quejé en los medios de comunicación de que no nos dieron ayuda a *Atlantes*. Los requisitos de ahora lo hacen imposible e inútil y traen encima un jurado de la península, váyanse al carajo.

–[S. R.] Con *El vuelo del guirre* una de las formas de ahorrar dinero era rodarla en digital y nuestro hermano Roberto, que fue el director de fotografía, tuvo mucha importancia en el resultado visual de la película porque es un científico, se sabe todo, y él encontró un sistema digital que fue con el que finalmente rodamos. Por otro lado, y hablando de las penurias de que no había dinero, no volvimos a meter en un lío económico para variar.

–¿CÓMO TRATAN LOS FESTIVALES AL CINE QUE SE HACE EN LAS ISLAS?

–[T. R.] En el Festival de Las Palmas hay una sección.

–[S. R.] Y en otros festivales, es lo correcto. Que haya una sección donde la gente vea lo propio.

---

[10] *Affaire Océano* fue un caso que estuvo relacionado con la mini serie para televisión *Océano*, basada en una creación literaria del escritor Alberto Vázquez Figueroa.

–¿Y QUÉ ESTRATEGIAS CREEN QUE SON POSIBLE PARA GENE-RAR UN MAYOR INTERÉS EN EL CINE QUE SE HACE EN LAS ISLAS?

–[T. R.] Que el que se va a dedicar al cine implique el mismo cariño por su tierra que aplicamos mi hermano y yo.

–[S. R.] La difusión de las películas por los festivales y que se promocionen las películas que sean buenas. Lo que noto a veces es que estos filmes están bien de fotografía, pero no te crees a los actores no porque sean malos sino por falta de dirección.

–[T. R.] Hace falta una madurez colectiva que se puede rela-cionar con la falta de autoestima y de identidad. Tenemos que seguir madurando colectivamente. ¿Qué es necesario en arte? La pasión y la dedicación absoluta.

–[S. R.] Todos los pueblos tienen derecho a su ética y ser maduro es aceptar la historia de los aborígenes sin odiar a los conquistadores.

FILMOGRAFÍA

DOCUMENTALES:

Los hermanos Ríos han sido responsables de al menos dos infodocumentales que se proyectaban hasta principios de los años 90 en las salas de audiovisuales de los centros de visitantes de los Parques Nacionales de Garajonay y del Teide, así como del documental *Los guanches* (1996) y del vídeo del villancico navideño compuesto por el timplista y compositor Benito Ca-brera patrocinado por el Gobierno de Canarias.

CORTOMETRAJES:

Talpa (1972).
El Aleph (1973).
Clímax/El Proceso (1977), cortometraje.
Katharsis.

Puzzle.
El regreso.
El país de los hombres azules.

LARGOMETRAJES:

Guarapo (1988), largometraje.
Mambí (1998), largo.
El vuelo del Guirre (2007), largo.

«LOS CANARIOS TAMBIÉN TENEMOS DERECHO A CONSTRUIR UN CINE PROPIO»

LUIS ROCA

Luis Roca Arencibia (Las Palmas de Gran Canaria, 1969) era hasta el estreno de *Benito Pérez Buñuel* más conocido por sus colaboraciones en prensa que por su trabajo en el cine, sector que conoce desde hace ya bastantes años colaborando en producciones que, como *Mambí*, de Teodoro y Santiago Ríos, forman parte de la Historia del Cine en Canarias. En su faceta como periodista especializado es responsable de varios libros colectivos, en muchos de los cuales colaboró como coordinador y entre los que destacan *El sueño del Monopol*, sobre el empresario cinematográfico Francisco Melo Sansó; *El vuelo del cometa* y *La isla interior. Homenaje a Dunia Ayaso.*

–¿CUÁNDO SE DESPIERTA EN USTED SU AFICIÓN POR EL CINE?

–La pasión, en la adolescencia. Como niño lo viví solo como espectador, con esas sensaciones de asombro y curiosidad propia de la edad. Recuerdo las sesiones vespertinas en el cine San

Roque de Firgas, atestadas de público, y con la multitud de niños y adolescentes aplaudiendo y vitoreando al Séptimo de Caballería cuando irrumpía para salvar la situación en el último momento. Más intensos eran los visionados en televisión en casa. Mis padres no nos ponían restricciones a la hora de ver películas y yo recuerdo una curiosidad especial por aquellas señaladas para adultos. En la adolescencia fui consumidor ávido de películas en los videoclubs, y recuerdo que mis intereses iban dirigidos al cine internacional de autor, los grandes directores americanos, europeos y asiáticos. El cine de Hollywood apenas me interesaba, aunque también disfruto del cine de acción.

Decidí dedicarme al cine con 17 años, tras un trabajo sobre Luis Buñuel en el instituto. En la asignatura de Historia, mi profesor, Santiago de Luxán, nos mandó un trabajo sobre una personalidad española relevante del siglo XX. Antes había leído la primera biografía sobre él, escrita por Francisco Aranda, libro que había rescatado de la biblioteca de libros prohibidos por el franquismo de mi abuelo Rafael, que fue un comunista estalinista de la vieja guardia. El cine de Buñuel me enseñó que, usando la misma narrativa del cine que llegaba a las salas, podían contarse otras historias con nuevos puntos de vista que daban un sentido radicalmente diferente de la realidad. Su figura ejerció una potente influencia sobre mí. Gracias a mi documental *Benito Pérez Buñuel* he podido ahondar en él desde 2017, descubriendo -y reivindicando- su enorme trascendencia como autor cinematográfico. Buñuel, ante todo, fue un gran intelectual y humanista. Y un poeta también, y la poesía es un género literario por el que en mi juventud sentí una especial devoción y que sigo practicando.

–¿Cómo refleja las islas en sus películas?

–Volví a Canarias en 1992 con la idea –ambiciosa, ingenua y errada– de que las islas también podían desarrollar su propio cine. En realidad, lo que me convencía para luchar por lo es la evidencia de que los canarios también tenemos derecho a construir un cine propio. Estos 30 años de trabajo profesional en el cine en Canarias han sido de constantes golpetazos con la realidad.

En mis películas, la primera fue en soporte semi-profesional en 1994, Canarias es un sujeto protagonista. Quiero destacar que, ante la imposibilidad de trabajar como cineasta profesional en las islas, lo que intenté en los 90 del siglo pasado, desde entonces me reconvertí en escritor cinematográfico y gestor cultural. Todas estas patas son, para mí, partes de un mismo cuerpo, alimentado por un mismo deseo y una misma voluntad, hacer posible el desarrollo de un cine propio de los canarios en las islas. He escrito sobre cine con el objetivo de situar las islas en el mismo primer plano cinematográfico de otras latitudes, artículos míos sobre el cine en Canarias han llegado a publicarse en *Herald Tribune* y *El País Semanal*. En *La Provincia* he realizado incontables publicaciones desde 1996.

–¿QUÉ ELEMENTOS DESTACARÍA DE ESTA REPRESENTACIÓN?

–La gran variedad de elementos de nuestro paisaje, su riqueza natural, da la posibilidad de usarlos como metáforas y símbolos en muchísimos sentidos. Eso está en *Benito Pérez Buñuel*. Esa variedad es un privilegio, aunque las dificultades para hacer películas aquí ha sido una rémora mucho mayor. La calidad de la luz de las islas y el clima suave todo el año, sin cambios bruscos de estaciones, es otro de nuestros puntos fuertes. También hay elementos característicos relacionados con la actividad humana ligada a estas islas (por ejemplo, los faros) y la propia forma de ser de los canarios como pueblo diferenciado que me interesa enormemente y he utilizado.

Hasta ahora, siempre lo he hecho en un sentido de posibilidad de crecimiento, oportunidad de desarrollo y esperanza, aunque la cruda realidad de las islas se preste, objetivamente, a visiones mucho más amargas. Porque, desde que en 2017 emprendí la tarea de realizar mi primera película de largometraje, he sufrido con violencia en mis propias carnes obstáculos y realidades que han hecho que hoy tenga una visión menos positiva.

–¿CÓMO DEFINIRÍA EL CINE QUE HACEN CINEASTAS DE LAS ISLAS SOBRE SU PROPIA REALIDAD INSULAR?

–Es una pregunta muy difícil contestar. Primero porque uno de los problemas del cine en las islas es que se ha mezclado el cine aficionado y el cine profesional. He sido un firme admirador del «cineísmo», el cine amateur, pero creo que el mayor valor de este queda circunscrito a un período histórico donde hacer otro tipo de cine viviendo en las islas era imposible. Por eso son tan importantes las figuras de José González Rivero y Carlos Luis Monzón en los años 20 del siglo pasado, Martín Moreno en los 40, Ramón Saldías en los '70, los Hermanos Ríos en los 80. En esos años alrededor de ellos no había prácticamente nada, por eso su heroísmo, si se quiere llamar así, no tiene parangón y ha sido, aún hoy, insuficientemente reconocido.

Creo que la historia del cine en las Islas, y quienes la escriben, deben saber diferenciar aquellas producciones que han logrado llevarse con estándares profesionales que han hecho posible su difusión amplia dentro y fuera de las islas, a las cintas de aficionados, con el interés que no les niego a estas. Todo lo que quede al otro lado de esa forma de producir cine con ambición, criterios y modos profesionales puede tener su análisis, por supuesto, pero en la misma medida de la realidad de su trascendencia, que es objetivamente menor.

Volviendo a su pregunta, el cineasta local sigue siendo un francotirador, como acertadamente lo definió Juan Carlos Fresnadillo tras estrenar su cortometraje *Esposados* en 1996 (película que es -aún hoy- la obra audiovisual más importante del cine canario en su historia). Por eso, más que de líneas, solamente podemos hablar de autores, ya que son escasos los canarios que, haciendo cine desde aquí, o volviendo a Canarias para filmar desde otras latitudes, han logrado trascender haciéndose un hueco en el panorama del cine nacional e internacional, compitiendo en esa misma liga. Dicho lo anterior, hay que recordar que el cine cuenta historias. Cuántos de estos cineastas han usado el cine para reflexionar sobre la propia realidad insular o para evadirse de ella y de qué forma lo han hecho, o cuántos han usado sus elementos para acompañar historias que en nada se relacionan con la condición insular, serían las siguientes preguntas.

-¿CREE QUE SOMOS UN ARCHIPIÉLAGO CON SEÑAS DE IDENTIDAD COMUNES?

-Sin duda, aunque los recelos y la rivalidad entre islas, la excesiva -y aplastante- omnipresencia de las administraciones públicas, la permanente subordinación de las islas a poderes foráneos y el miedo como característica común psicológica del ser canario, fruto de su falta de formación y subsiguiente complejo de inferioridad frente a los llegados de fuera, sean algunas de esas características que nos lastran. También encuentro valores positivos: nuestro peculiar sentido humor, anclado, eso sí, a la resignación, nuestro carácter abierto y, en alguna forma, esa capacidad del superviviente de ser tenaz y perseverante para poder sobrevivir, luchando por lo que nos importa y quienes nos importan.

En este sentido, también hemos heredado un poderoso instinto de supervivencia. La lejanía del continente europeo nos ha condicionado de forma decisiva hasta el siglo XXI, aunque, con la revolución de las comunicaciones, el aspecto hoy preponderante que nos define, y limita, debilitándonos, es nuestra condición fragmentada, siendo dos provincias con dos islas capitalinas de condiciones geográficas y sociales similares y, por tanto, que compiten fuertemente entre ellas, de forma explícita o solapada. Contra esta fragmentación y la rivalidad que se deriva, es decir, tendiendo puentes entre las islas, especialmente entre Gran Canaria y Tenerife, pero ampliable a todas, es contra lo primero que lucharía si tuviera ocasión de hacer carrera política, pues considero que es nuestra asignatura pendiente, el verdadero Talón de Aquiles para nuestra madurez como pueblo diferenciado del resto, que, repito, evidentemente lo somos.

–Establezca un diagnóstico del sector cinematográ-fico y de la creación cinematográfica en Canarias.

–Terrible. Desde finales de los 80 que lo conozco en primera persona ha sido una sucesión de dislates provocados por la falta de interés político hacia esta actividad. Esto ha sido así hasta el desarrollo de los incentivos fiscales la década pasada, del cual nos hemos beneficiado por pura chiripa, de rebote, y ha tenido como consecuencia que se hayan llevado a cabo unas políticas desnor-tadas y sin criterio. Esto, en muchos casos, ha estado motivado porque, además de que el político no sabía nada del sector profe-sional real, la personas que estaban al frente de las administracio-nes públicas carecían igualmente de preparación y conocimien-tos. En Canarias hemos tenido sonados casos de corrupción (al-guno de enorme magnitud en comparación con otros en el ám-bito nacional), y todos han quedado, además, impunes.

De forma fatal para sus intereses, el archipiélago canario no ha considerado a su sector cultural, en general, con la relevancia que tendría si fuéramos un lugar más avanzado y desarrollado. Sigue ocurriendo. Y dentro del sector cultural, hasta que apare-cieron los incentivos fiscales, el cine en las islas ha estado, por si fuera poco, subordinado a otras manifestaciones culturales de mayor tradición como la música, las artes plásticas, el teatro y la literatura. Y es que hacer cine de calidad, comparativamente con lo anterior, es mucho más caro y complejo técnicamente, con lo que, a la escasez de recursos y talentos en las islas, había que sumar unas infranqueables dificultades para financiarlo. Esta situación del sector cinematográfico de creación de conte-nidos propia es gravísima en la isla de Gran Canaria, donde se ha sufrido la desgracia de haber tenido al frente de las institu-ciones públicas o en su órbita a auténticos incompetentes y vi-vidores, enemigos del desarrollo profesional del sector que han usado todo tipo de argucias con políticos poco conocedores del cine para mantenerse en el poder, en algún caso décadas, utilizando la poltrona pública en muchos casos para beneficio personal y escachando a todo aquel que asomara mínimamente la cabeza.

–¿QUÉ MEJORARÍA DE LAS POLÍTICAS PÚBLICAS DE APOYO AL CINE?

–Profesionalizar a los gestores culturales que trabajan desde las administraciones públicas sería lo primero. Exigirles conocimientos y estudios adecuados en el ámbito audiovisual antes de acceder a los puestos. En Canarias, entre los máximos responsables, solo se da en dos casos entre la decena de departamentos existentes. Y, por supuesto, si se detectan actividades sospechosas, investigarlas y, si se diera el caso, hacerlas públicas y destituir. Solo con eso, que parece tan elemental en términos democráticos, no estaríamos donde estamos. El resultado, insisto, es especialmente grave en Gran Canaria, donde hay un sentimiento arraigado de frustración e incomprensión por parte de los mejores, que se ven obligados a salir de la isla para desarrollarse profesionalmente, o bien cambiar de actividad profesional.

–¿CUÁLES SON LOS PROBLEMAS MÁS GRAVES ANTE LOS QUE SE ENCUENTRA EL CINEASTA CANARIO Y/O RESIDENTE EN LAS ISLAS?

–Si lo anterior no dejara un panorama lo suficientemente desolador, las consecuencias del mismo son peores. Esa falta de una autoridad audiovisual competente en los ámbitos de la administración pública ha hecho que hayan surgido en la década pasada, orbitando en torno a estos poderes públicos, a una serie de autodenominados cineastas que, en vez de enfrentarse a ellos reclamando una gestión competente, se han convertido en sus aliados, haciéndolos sus cómplices o rehenes, según las circunstancias. Así, estas personas han determinado -y determinan todavía hoy- las políticas públicas no pensando en el interés general, sino en función de sus propias capacidades y gustos, despreciando, de forma fatal para los intereses del sector en Canarias, la condición industrial del cine, esto es, su capacidad de general cultura creando empleo y riqueza económica. Otra de las características de esta generación es que no han tenido escrúpulos en despreciar y ningunear todo el trabajo de otros cineastas y profesionales anteriores a ellos, si ello no les sirve a sus propósitos y el relato del cine que han construido.

–¿QUÉ ESTRATEGIAS SON POSIBLES PARA GENERAR UN MAYOR INTERÉS EN EL CINE QUE SE HACE EN LAS ISLAS?

–Lo primero es la obligatoriedad de apostar por las historias propias que fomenten además el crecimiento industrial. Es una cuestión básica, elemental, conocida en el sector desde hace muchas décadas, y que aún no tenemos en las islas. Solo cuando hay un caldo de cultivo suficiente de profesionales locales de todas las disciplinas que puedan vivir de una forma digna de su trabajo, surge el cine en todas sus vertientes, el comercial, el minoritario, el de género, el de autor y el experimental. El cine canario tiene que marcar una frontera apoyando a aquellos cineastas (incluyo por supuesto a los productores y productoras) que apuesten por las historias canarias o donde Canarias juegue un papel protagonista y, al mismo tiempo, se desarrollen en unas estructuras de financiación asimilables a los estándares nacionales e internacionales que buscan llegar al público. En el cine, una parte muy importante de lo que el espectador percibe como calidad lo aporta la fortaleza económica de la producción. Lamentablemente, las ayudas del Gobierno de Canarias no han estado condicionadas por estas premisas desde su reinicio en 2017, tras el parón que sufrieron en 2012 con la excusa de la crisis. Parón que fue una clara señal de la poca importancia que el Gobierno de Canarias daba entonces a su audiovisual.

–¿QUÉ TEMAS, QUÉ PREOCUPACIONES, TRATA EN SU CINE?

–Mis documentales, tanto los que hice en los '90 como *Benito Pérez Buñuel*, sitúan siempre a Canarias en el centro. Apelan a su historia y ponen en valor a personas que han destacado, muchas al margen de los reconocimientos oficiales. El caso más paradigmático es el de Benito Pérez Galdós, que es el nombre de Canarias más importante de nuestra historia y, a pesar de esto, y aún con el importante impulso que para su reconocimiento en el ámbito nacional e internacional tuvieron los actos del Centenario de su muerte en 2020, todavía no está reconocido así, ni siquiera en la propia isla de Gran Canaria. He de decir, que el Centenario, y mi película, hizo algo por corregir esta situación, y eso es algo de lo que me siento especialmente orgulloso.

–¿SE CONSIDERA UN CINEASTA INTUITIVO O REFLEXIVO?

–Más reflexivo que intuitivo, aunque la propia práctica cinematográfica obligue siempre inevitablemente a tomar decisiones basadas en la intuición que muchas veces son fundamentales en la obra audiovisual final. Pero me considero una persona cerebral, que intenta tener bien claros cuáles son los mensajes y significados que quiere trasladar con sus películas. Pienso que, genios aparte, solo así es como el cine -y el pensamiento que lo acompaña- ganan trascendencia.

–¿CÓMO TRATAN LOS FESTIVALES DE CINE QUE SE CELEBRAN EN CANARIAS AL CINE QUE SE HACE EN LAS ISLAS?

–Los festivales, en España y el mundo, se han convertido en un polo de poder desde el cambio de siglo, en buena medida explicado por la falta de ayudas estatales al sector privado de la exhibición para condicionar su programación también al cine que no puede competir con los grandes conglomerados audiovisuales multinacionales. La falta de control sobre los festivales, que pueden tener un carácter privado apoyado por entidades públicos o depender directamente de las entidades locales (ayuntamientos), ha hecho que estos se desarrollen en función del gusto de sus programadores, que normalmente no pertenecen al gremio del cine profesional y, en ocasiones, actúan de espadas o en contra de él, como ha ocurrido en Canarias. Tam-

bién han propiciado la creación de lobbies entre programadores, críticos de cine y asociaciones privadas. En Canarias los festivales responden a esta realidad. Como en mis anteriores respuestas, la situación en Gran Canaria es especialmente grave.

–¿HAN CONTRIBUIDO A DINAMIZAR AL SECTOR LOS RODAJES NA-
CIONALES Y EXTRANJEROS QUE SE RUEDAN EN EL ARCHIPIÉLAGO?

–Muchísimo, sigue siendo la gran esperanza del cine en las
islas, por lo que aportan de apertura a nuevas miradas, creación
de empleo, formación para los que se estén iniciando e imagen
de Canarias en el mundo. Paradójicamente, ha habido sectores
influyentes del sector, asociaciones gremiales, festivales e, incluso, departamentos de cultura de algunas instituciones públicas, que han percibido estos rodajes como una amenaza y con
sus desafortunadas actuaciones en el ámbito de lo público han
tratado de minimizar su impacto y desacreditarlos. Es también
la prueba de que Canarias no cuenta con un sector cinematográfico de contenidos propios potentes, pues, si lo tuviera, no
habría nadie que mirara ese fenómeno con tal nivel de ignoran-
cia. Frente a todo eso, el mérito de las obras que logran produ-
cirse desde las islas con historias canarias buscando -y consi-
guiendo- salida en pantallas comerciales, es aún mayor.

FILMOGRAFÍA

Luis Roca es director del largometraje documental *Benito Pérez Buñuel* (2022), que ha sido galardonado en el 17 Festival Internacional de Documentales de Uruguay (Atlantidoc) y en el
40 Festival de Cine de Bogotá y de los también documentales
La Isleta (1883-1993) (1994), entre otros. En los 90 dirige un
documental sobre el Encuentro de Música Visual de Lanzarote,
distribuido en RTVE, y trabaja como asistente de dirección y
script en películas como *Mararía* (Antonio José Betancor, 1998),
La raya (Andrés M. Koppel, 1997) y *La isla del infierno* (Javier

Caldas, 1998). Es realizador del videoclip *Vuela en guagua* (Los Coquillos, 1998). En 2007 su videocreación A *Meager Canary Beach*, dirigida con Mariano de Santa Ana, representa a España en el pabellón de la II Bienal Internacional de Arquitectura de Rotterdam. Ha publicado artículos de cine y viajes en *El País*, *El País Semanal*, y *Herald Tribune*.

«EL CINE ES EL ARTE DE LA OCULTACIÓN»

Josep Vilageliu

Josep Vilageliu nació en Barcelona pero es canario de adopción, tierra a la que vino a trabajar en los años '70 y en la que construyó una familia. Junto a Daniel León Lacave funda lo que denominan «cine leve» y cuenta con una filmografía kilométrica entre la que se encuentran trabajos interesantes como reflexiones en torno al cine e incluso a los géneros. Como cineasta independiente, Josep Vilageliu lleva desde los años '60 detrás de las cámaras. Primero en Barcelona y más tarde en Tenerife aunque antes recaló en la isla de La Palma. Sería en Tenerife, sin embargo, donde desarrollaría la mayor parte de su obra como cineasta. Formó parte del colectivo Yaiza Borges y más tarde y ya como independiente ha sido el director de una serie de películas, entre largos y cortometrajes, muy personales.

–¿Cómo refleja las islas en sus películas?

–Antes de contestar a la pregunta, me gustaría destacar que arribé a las islas en los años setenta, procedente de un mundo completamente diferente. Durante mis primeros meses de estancia, mi mirada era la de un extranjero, todo lo veía diferente, la luz, los árboles florecidos, incluso el nivel del mar cuando lo contemplaba desde los acantilados del norte de La Palma. Poco a poco lo fui normalizando todo, y ya los dragos me parecían cotidianos. Mis ojos absorbieron el paisaje canario como si fuera el paisaje de los primeros tiempos, todo lo veía como si fuera la primera vez, no me parecía real y al mismo tiempo sabía que lo era. Esta dicotomía sobre el paisaje canario, un paisaje real y al mismo tiempo mítico, que encontré luego en la novela *Fetasa* y en toda la literatura fetasiana, me ha llevado a filmar las islas como una metáfora ligada a la historia que cuento en cada película. Por ejemplo, en *Los barrancos Afortunados* (1976), quiero hablar de las islas, pero lo hago por medio de un barranco donde vive gente, desplazada por las palas que construyen la nueva ciudad. En *Paraísos* (2014), vemos a una pareja, a la que van a desahuciar, quitando hierba y adecentando su finca, el espacio acotado de la finca es también el paraíso de su infancia y el de su vida juntos, un paraíso del que van a ser expulsados. Pero es en *A la deriva* (2010) donde el paisaje adquiere protagonismo: la narración comienza en la costa, y los tres personajes, el inmigrante ilegal, el hombre en crisis y la mujer desenamorada, inician un viaje a través de la isla, la huida de los personajes les lleva a ascender hasta la cumbre recorriendo pasajes desérticos, carreteras sinuosas y zonas boscosas. El paisaje está filmado no por su valor paisajístico, sino en un sentido metafórico relacionado con el devenir de los personajes. En *Iballa* (1987), en cambio, el paisaje adquiría vapor dramático acompasando la historia, un efecto que se incrementaba gracias a los decorados, todo era falso y al mismo tiempo verdadero. Esta teatralidad buscada en mi cine ya la había desarrollado en 1974 con la adaptación de una pieza de Alberto Omar y dramaturgia de Eduardo Camacho, la obra para sordos *La estatua y el perro*, para la que busqué parajes, en el Porís y en El Médano, equivalentes a los sugeridos por la obra, espacios dramáticos que potenciaran la adaptación.

–¿QUE ELEMENTOS DESTACARÍA DE ESTA REPRESENTACIÓN?

–La representación de la isla ha variado a lo largo de los siglos, incluso el propio concepto de paisaje, que es una percepción moderna sobre el mundo como si fuera un escenario ante el que extasiarnos. Si leemos a Sabin Berthelot podemos imaginarnos una isla completamente diferente. En Berthelot y sus coetáneos, la mirada romántica embellecía y destacaba los paisajes abruptos, grandiosos, ante los que el hombre empequeñecía. Llegar a Tejina desde La Laguna era una empresa difícil, había que atravesar una zona selvática llena de corrientes de agua que dificultaban la marcha. El paisaje de Tenerife y de otras islas se transformó radicalmente y el verde de la floresta mutó al de las plataneras que llenaban los valles con un verdor uniforme. Y ahora las urbanizaciones lo han salpicado de blanco. El cineasta debería poder mirar la isla a través de todas estas capas y no solamente lo que se presenta delante de sus ojos. Los poetas lo han conseguido en sus versos, pero parece que el cine, el arte de lo visual, solo puede alcanzar las apariencias de lo real, pero lo real no está en la superficie, sino en el proceso que nos ha llevado hasta el aquí, y esta es la tarea de los cineastas, como si la cámara fuera una máquina del tiempo o tuviera rayos X, atravesar todas estas capas de la misma manera que en sus relatos tratan de profundizar en la psicología de los personajes y no quedarse con simples estereotipos.

–¿CÓMO DEFINIRÍA EL CINE QUE HACEN CINEASTAS DE LAS ISLAS SOBRE SU PROPIA REALIDAD INSULAR?

–Hay dos corrientes ahora mismo, una de ellas, en pro de un cine más internacional, ha optado por realizar películas de temas universales, explorando aspectos formales aceptados en los festivales europeos, con el fin de optar por un reconocimiento fuera de las islas. Por otro lado, están surgiendo nuevos realizadores, en el campo del documental, que está tratando de visibilizar grupos sociales, realizan reportajes militantes contra el cambio climático, oponiéndose al modelo turístico y a la proliferación de hoteles en zonas protegidas, o recogen testimonios de gente de la cultura, del mundo rural, de activistas o de republicanos represaliados, un cine necesario pero que, sin embargo, se pliega a modelos formales convencionales.

–¿CREE QUE SOMOS UN ARCHIPIELAGO CON SEÑAS DE IDENTIDAD COMUNES?

–Lo tengo clarísimo, es la suma de culturas distintas que han ido sedimentando en cada una de las islas, de tal manera que cada isla es un mundo con unas características que las diferencias de las demás. El cine canario en general se ha desarrollado de espaldas a la realidad de las islas, en primer lugar, porque desde el principio ha antepuesto la economía a la creatividad, decantándose por un cine posibilista, un cine que potencia Canarias como destino turístico, como un decorado. En la búsqueda de financiación, los cineastas se plegaron a los intereses políticos durante demasiado tiempo, y aun así, los proyectos de crear una industria estable se deshacían en poco tiempo, hasta que otro empresario, una década más tarde, veía una nueva posibilidad y buscaba apoyos, tanto privados como institucionales. A mí me parece que esta tendencia se ha interiorizado, tanto en los políticos como en los cineastas, y es muy difícil salirse de este bucle, porque no son conscientes de ello. Luego están los cineastas que van por libre, pero el sistema no les deja salir del anonimato y acaban sintiéndose marginados. Espero que, dentro de algunos años, la labor de hallazgo y restauración de todo aquello que se se haya filmado en Canarias, recupere estas obras marginadas y marginales y la historiografía las ponga en su justo lugar, como la ha hecho con obras y cineastas anteriores.

—¿ESTABLECERÍA UN DIAGNÓSTICO DEL SECTOR CINEMATO-GRÁFICO Y DE LA CREACIÓN CINEMATOGRÁFICA EN CANARIAS?

—En los últimos años, diversas circunstancias han llevado al cine a una explosión sin precedentes, con la incorporación cada año de un buen número de jóvenes con ganas de rodar cortometrajes. El Cinedfest ha animado a muchos estudiantes, luego está el Festivalito y otras iniciativas de cine exprés. A otro nivel, más restringido, están las ayudas al cine. También han proliferado las escuelas de cine, tanto de actores, de escritura de guiones como de tipo más técnico. Pero el problema estriba en la creatividad. Hace años, el peso del cine de Hollywood había colonizado la manera de hacer películas, ahora está el *streaming* y sobre todo Netflix, que impone una determinada manera de iluminar y de planificar. La cámara debe moverse siempre, en todos los planos, en cada situación hay que colocar la cámara en sitios diferentes para obtener distintas perspectivas, ir de primeros planos a planos generales y al contrario, y todo para que resulte más fluido, para verlo todo desde todos los ángulos. Se olvidan que el cine es el arte de la ocultación, de que el poder del cine se halla en la fuerza centrípeta y centrífuga del encuadre. No sé lo que se enseña en estas academias, pero sigo viendo escenas de diálogo organizadas mediante el plano contraplano, sin calibrar demasiado bien a quien tiene que verse en cada momento. No sé, llámame antiguo, pero creo que falta visionar muchas veces a Mizoguchi o a Rhomer, por mencionar a unos cuantos maestros.

—¿QUE MEJORARÍA DE LAS POLÍTICAS PÚBLICAS DE APOYO AL CINE?

—No me quiero meter en este jardín. Reconozco que se ha mejorado mucho desde aquellos tiempos en los que acudía alguien con medio folio y salía de presidencia con un fajo de millones para hacer una película o una serie que luego nadie veía. Nadie puede ganar dinero con un cortometraje y esta es la razón de que deban subvencionarse, aunque solo sea para pagar a los actores y a los técnicos. Es una buena manera de hacer industria, si este es el objetivo. Estos actores y estos técnicos habrán aprendido su oficio y podrán vivir de ello en proyectos más industriales.

–¿CUÁLES SON LOS PROBLEMAS MÁS GRAVES ANTE LOS QUE SE ENCUENTRA EL CINEASTA CANARIO Y/O RESIDENTE EN LAS ISLAS?

–Todo depende del tipo de cine que se proponga. Hay cineastas que solo ruedan cuando las condiciones de producción les son favorables, sobre todo si su proyecto ha sido seleccionado para la recepción de ayudas. Pero otro cine es posible, y lo cierto es que hay cineastas que no esperan la llegada de las ayudas para rodar un corto más modesto, realizado con la ayuda y el entusiasmo de un grupo de amigos amantes del cine, en este grupo puede haber profesionales que les echan una mano, sea por amistad o porque creen en el proyecto o incluso porque están ya cansados de ser una pieza en un proyecto industrial, en el que no tienen ninguna responsabilidad ni en el que pueden influir con sus ideas. La ventaja de este otro cine es que sería más libre, no tendría que plegarse a la manera en que tienen que hacerse las películas, sino buscar nuevos lenguajes, nuevas formas de decir, ser más críticos con la realidad que vivimos y no autocensurarse por aquello del qué dirán los colegas o la autoridad de turno.

–¿QUE ESTRATEGIAS SON POSIBLES PARA GENERAR UN MAYOR INTERES EN EL CINE QUE SE HACE EN LAS ISLAS?

–Lo cierto es que todavía no se ha conseguido que la sociedad canaria conozca el cine que realizan los canarios en su tierra, es que en realidad cuando les hablas de un cine canario enseguida se remiten a las películas o las series foráneas que se ruedan en las islas, de manera que de momento podríamos decir que el cine canario no existe, o no existe todavía. Hace años el cine canario se limitaba a *Guarapo*, pero las nuevas generaciones no conocen este largometraje, como tampoco conocen la existencia del largometraje *El ladrón de guantes blancos*, filmado en 1926 en La Laguna y que podrían verlo en YouTube. Y este es el verdadero problema, no hay voluntad política para que toda esta cantidad de cortos que se ruedan cada año en Canarias puedan tener la oportunidad de ser vistos, en ciclos que vayan rotando por todos los municipios, o disponer de una pantalla en la Televisión Canaria por lo menos semanal, por no hablar de la exhibición de las películas rodadas en las islas en los últimos 120 años, recuperadas y digitalizadas por la Filmoteca Canaria y que constituyen un valioso patrimonio cultural que no debería estar encerrado en el Archivo de la Filmoteca.

–¿QUÉ TEMAS, QUÉ PREOCUPACIONES, TRATA EN SU CINE?

–Son muchos años haciendo cine y mis preocupaciones han ideo cambiando. Pero sí, hay algunos temas que van sobrevolando las décadas y los retomo. Uno de ellos es la violencia sobre la mujer. En uno de mis primeros cortos, *Trajectoria* (1970), rodado en Barcelona, unos hombres trataban de controlar el comportamiento de una chica a distancia, y en el primero que rodé en Tenerife, *Diagrama* (1974), un hombre asesinaba a su mujer simplemente por colocar mal la cuchara en la mesa. En *Dueto* (2018) dejaba que un hombre y una mujer contaran su propia versión delante del espectador sobre el final violento de la pareja. En *Reflejo en rojo* (2011) un hombre joven le daba la paliza a una mujer frente a otro hombre con el que se identifica. En realidad, los conflictos en el interior de las parejas han sido una constante en mi cine, especialmente en los últimos años. Otro de mis temas preferidos es el de la representación, me gusta pensar que el mundo es un teatro y nosotros simples actantes, representando distintos personajes a lo largo de la vida, nunca sabremos qué parte es verdadera y cuál ficticia. En el cine todo es ficticio, incluso la más naturalista de las películas es el resultado de una puesta en escena. En *Del amor y otras necesidades* (2017), parece que una mujer de alterne es contratada por un mafioso, pero a lo largo de la noche se va desvelando que nadie es quien dice que es y cuáles son los verdaderos motivos por los que la mujer ha acudido a la casa. En *Rondó* (2013), todo es más complicado, allí hay dos parejas y una de ellas querría ser como la otra, incluso una de las parejas acude a una función de teatro en la que ellos mismos son los actores. Otro tema sería la relación del hombre con la naturaleza, la erótica naturaleza la llamo, que dio para una trilogía, *Naturaleza muerta* (2009), *Naturaleza viva* (2011) y *Paraísos* (2014). En *Aguavivas* (2021) voy más lejos, y transformo el paseo de una pareja por un bosque en una reflexión sobre los seres vivos, arrastrados por la marea de la vida en un medio acuoso.

–¿SE CONSIDERA UN CINEASTA INTUITIVO O REFLEXIVO?

–Mi cine es siempre muy reflexivo, pero parte de una idea que a veces surge de la nada y luego hay que madurarla, darle un sentido. Hay ideas que luego se desinflan como un globo a las pocas horas, otras se mantienen más tiempo, algunas son potentes pero las condiciones de producción desaconsejan llevarlas adelante, así se han quedado muchos guiones en el cajón. Otras ideas se mantienen un tiempo, hasta que confluyen otras ideas y la primera idea se va armando, va adquiriendo un sentido, no me gustan los guiones sencillos, disfruto añadiendo capas de sentido, haciéndolo más complejo. Luego, durante el rodaje, elimino cosas, sobre todo las más explícitas, y añado otras, la película se transforma, se va convirtiendo en otra cosa, sobre todo ya no es una ilustración del guion, sino algo vivo, gracias a los actores, pero también a los lugares donde voy a rodar y a cómo el director de fotografía lo captura con el encuadre, la realidad encuadrada ya no tiene nada que ver con la realidad. Todos los que intervienen en esta captura, incluido yo mismo, van añadiendo capas a la narración, no es tanto lo que se dice o lo que se narra sino cómo se dice, tanto cómo lo dicen los actores como cómo lo dice la cámara, y esta es la razón por la que a veces el espectador, e incluso yo mismo, no acaban de entender o creen que no han entendido la película. Me gusta esta ambigüedad, es que la ambigüedad está en la vida, somos nosotros o nuestra mente la que se empeña en que todo tenga sentido.

—¿CÓMO TRATAN LOS FESTIVALES DE CINE QUE SE CELEBRAN EN CANARIAS AL CINE QUE SE HACE EN LAS ISLAS?

—Ahora mismo hay muchos festivales, algunos son más restrictivos y en otros entra todo los que se presenta o se produce durante la semana del festival. Hay algunos festivales importantes, como el Foro Canario, pero solo admite cortos arriesgados, más cerca de la experimentación, en línea del tipo de cine que se exhibe y compite en el Festival Internacional de Las Palmas. Los municipios se van animando y cada vez hay más festivales, el problema es la falta de público en algunos eventos. A pesar de la publicidad en redes sociales, su efecto es muy limitado, pues normalmente los vecinos no llegan a enterarse de la existencia del festival en su municipio, sino tan solo un número limitado de cineastas, que ya han visto los cortos o bien deciden no desplazarse fuera del lugar donde viven, sobre todo si está lejos. Por otro lado, otros festivales como el de La Orotava o el de Gáldar, restringen el número de películas canarias y les dan más importancia a los cortos de la península ya premiados en otros eventos, normalmente cortometrajes que han recibido ayudas de diversos organismos y se ofrecen al espectador para que admire el poderío de la producción, aunque suelen ser cortos anodinos, muy convencionales y sin demasiado interés.

—¿HAN CONTRIBUIDO A DINAMIZAR AL SECTOR LOS RODAJES NACIONALES Y EXTRANJEROS QUE SE RUEDAN EN EL ARCHIPIELAGO?

—Es curioso que estos rodajes foráneos obtienen el certificado de obra canaria, pues esta es la condición para que puedan optar a las ventajas fiscales que ofrecen las diversas Filmcomission de las islas. Para conseguir este certificado deben plegarse a ciertas condiciones, contratar a un número determinado de técnicos y/o actores y al rodaje de un número mínimo de días en Canarias. Este condicionante es positivo para los técnicos canarios y para las productoras de servicios. El problema, que no es de aquí sino de la propia dinámica del capitalismo, es que algunas empresas se potencian en detrimento de otras y absorben todo el trabajo. Aunque estas empresas se van dotando de medios cada vez más sofisticados, tanto en lo que respecta al sonido como a la imagen, al final esto no revierte en una mayor producción autóctona.

FILMOGRAFÍA

Jugar con juguetes (1967).
Vale más pájaro en mano (1968).
Trajectoria (1970).
El ídolo de las Cícladas (*The Cicladas Idol*) (1971).
Delicies (1972).
Diagrama (1974).
Preludio (1974).
Un día en Tenerife (1974).
La estatua y el perro (*The Statue and the Dog*) (1974).
Los barrancos afortunados (*The Fortunate Ravine*) (1976).
La tarjeta de crédito (1977), codirigida.
Página 45 (*Page 45*) (1979).
Fiesta de la cometa (1982), documental.
Bajo la noche verde (*Under a Green Night*) (1985).
Piel de melocotón (1986).
The end (1986), colectiva.
Iballa (1987).
Venus vegetal (*Vegetal Venus*) (1992).
La ciudad interior (*Interior City*) (1993).
Memoria del agua en la isla de El Hierro (1995), documental.
Ballet para mujeres (*Ballet for Women*) (1995).
Ensueños de El Hierro (2002), documental.
Muros (*Walls*) (2003), documental.
Luna Park (2004).
Fantasmas (*Ghosts*) (2005).
En los arrozales (2007), mediometraje.

Quédate conmigo (Stay with Me) (2008).
Naturaleza muerta (Still life) (2009).
En los arrozales (In the Rice Fields) (2009).
Modelo(s) (2010).
A la deriva (Adrift) (2010).
Naturaleza viva (2011).
Malcolm X Park (2011), documental.
Reflejo en rojo (Red reflection) (2011).
Otros tiempos, otras vidas (2012), largometraje documental.
El sujeto de los otros (2012), performance.
Nube9 (Cloud9) (2012).
Rondó (2013).
Paraísos (2014).
Love (2015).
Dueto (2017).
Del amor y otras necesidades (2017).
Al borde del agua (2017).
Página en blanco (2018).
Flash back (2018).
Coromoto contra la antena (2018), documental.
Imaginarios (2019).
No te mentiré (2019).
Teatro de sombras (2019).
Después del diluvio (2020).
La formiga 28 (2020), documental.
Aguavivas (2021).
Retrobada (2022), documental.
Si quisieras buscarme (2022).
Quorum: Quince piezas para un concierto (2023).
Mujer gato (2023).

Críticas de películas

DAMSEL:
ÉRASE UNA VEZ...

DIRECCIÓN: Juan Carlos Fresnadillo / PRODUCCIÓN: Jeff Kirschenbaum y Joe Roth / GUION: Dan Mazeau / MÚSICA: David Fleming / FOTOGRAFÍA: Larry Fong / MONTAJE: John Gilbert / INTÉRPRETES: Millie Bobby Brown, Robin Wright, Angela Bassett, Ray Winstone / AÑO: 2024.

En el encuentro previo que por la mañana mantuvo con los periodistas antes del estreno en España de su último trabajo, *Damsel*, Juan Carlos Fresnadillo insistió en que su cine gira en torno a unas constantes que procuró mantener en su nueva película para Netflix.

Una de estas constantes es la familia, aunque no la familia tradicional que te toca en suerte o desgracia pero sí la que se construye a lo largo de una vida con la gente que te rodea. La otra seña de identidad de Fresnadillo, que no lo dijo pero que percibo en su filmografía, es la traición del padre más que la muerte del padre. Es decir, una desconfianza a la figura paterna y también a la cultura del patriarcado.

Me atrevería a añadir, incluso, que leo una tercera constante en su cine. Y esa constante es la mujer, aparece en *Esposados* y ya como madre en *28 semanas después*, referencias que redondean, a mi juicio, una interesante e incluso desconcertante mirada que intenta que siga permaneciendo en sus películas, aunque el control de producción sea férreo como ha sido el caso de Netflix.

Damsel es la historia de una transformación. La de una inocente damisela –Millie Bobby Brown– en una guerrera capaz de derrotar a todos sus demonios y de paso superar a todos sus miedos. El miedo es un elemento que detecto en trabajos anteriores del cineasta como *28 semanas después* e *Intruders*, donde se hereda de familia, ahí es nada.

En su primer trabajo profesional, *Esposados*, que a mi me sigue pareciendo uno de sus mejores películas hasta la fecha, la comedia negra roza pero no cae en el ridículo estrepitoso. Hay, en todo caso, una atractiva e irónica mirada en torno a la realidad que transforma a la aparentemente *pareja feliz*: el dinero.

Por todas estas cosas y alguna más no creo que a estas alturas haya alguien que ponga en duda que Juan Carlos Fresnadillo cuenta además de con talento con un universo propio. A veces muy oscuro, lástima que no pueda explorar con mayor intensidad esas sensaciones abisales y que de momento revele solo apuntes y senales en sus peliculas. Esto manifiesta que se trata de un cineasta que intenta dejar huella y, se reitera, firma autoral en sus largometrajes por muy comerciales que resulten.

Damsel es una película muy luminosa con sus partes oscuras, que son aquellas que se desarrollan en una caverna profunda excavada en la roca donde habita el dragón. Dragón al que se ofrece en sacrificio jóvenes doncellas para aplacar su ira. *Damsel* es también una película de mujeres, de mujeres que se empoderan, que es lo que sucede con la protagonista cuando es arrojada al abismo, y de mujeres empoderadas que representa la reina malvada.

Me atrae el mundo subterráneo donde vive el dragón. Ese universo sin luz y poblado de tinieblas que se rasgan con la luz que emiten unas babosas de fosforescencia azul y unos pájaros que el espectador conoce porque vuelan convertidos en llamas para caer carbonizados al suelo.

El reino del dragón es un laberinto que conoceremos por el testimonio que otras sacrificadas han ido grabando desde tiempos pretéritos en la pared de una de las cuevas. En ese reino oscuro circulan ríos subterráneos y existen paredes de cristal. También estalactitas de hielo que, en otra de las escenas más potentes visualmente de la película, se convierten en agua cuando reciben el aliento del dragón.

En *Damsel* se produce una traición que es la del padre. También la de un novio, el príncipe, que resulta un pelele dominado por una reina madre que interpreta Robin Wright, *La princesa prometida* que deja de serlo en esta película.

Hay acción, que se desborda una vez superada la presentación de personajes, todos ellos venidos del cuento infantil como las princesas, la madrastra buena, que interpreta Angela Bassett, el rey e incluso el dragón, solo que vistos de otra manera, dándole la vuelta al calcetín para reinterpretar el relato clásico con una mirada respetuosa y sutil para narrar a todos los públicos, en especial el femenino, una historia de superación, de iniciación. A las mujeres casi parece que va dirigida esta producción de Netflix que como toda producción de Netflix tiene lo mejor pero también lo peor de este gigante de las plataformas.

La película gana al ser vista en pantalla grande y en un cine que ayudó a que me curtiera como espectador como es el Víctor, en Santa Cruz de Tenerife, ciudad que vive en una perezosa tranquilidad, pero *Damsel* junto a *Esposados* me parecen los trabajos más redondos del cineasta tinerfeño, un cineasta del que espero otras historias que nos muestren su manera de ver la realidad en la que vivimos.

Mientras espero, salgo del estreno de *Damsel* con la sensación de haber visto una película que además de mucha acción y fantasía, invita a viajar por ella como si se estuviera sentado en la vagoneta de una montaña rusa. Quiero saber, mientras mi mirada va de arriba abajo y viceversa, cómo se resolverá esa lucha de titanes, la de una virgen que se crece ante la adversidad y la de un dragón que no es tan diferente a la protagonista como nos quisieron hacer ver.

Damsel está en Netflix. Y es algo más que un cuento de hadas.

MATAR CANGREJOS:
UN PROBLEMA SERIO DE IDENTIDAD

DIRECCIÓN Y GUION: Omar A. Razzak / PRODUCCIÓN: Tourmalet Films en coproducción con IJswater Films (Países Bajos), cuenta con la financiación del ICAA, Gobierno de Canarias, TEA Cabildo de Tenerife, MEDIA Europa Creativa y con la participación de la Televisión Canaria / FOTOGRAFÍA: Sara Gallego / INTÉRPRETES: Paula Campos, Agustín Díaz, Sigfrid Ojel, Casper Grimbère, Nino Hernández / DURACIÓN: 106 minutos / AÑO: 2023.

Si no me equivoco, y puedo equivocarme, *Matar cangrejos* es el primer largometraje de ficción de su director, Omar Al Abdul Razzak, de quien conocía *Los espacios intermedios* –codirigida con Shira Ukrainitz–, un trabajo que formó parte de la iniciativa *Canarias en corto* cuyas últimas tres ediciones –cada catálogo reúne siete películas– no hemos podido ver vaya uno a saber la razón.

Me viene a la cabeza esta pieza y es probable que alguna más que forma parte de ese catálogo que ha terminado siendo devorado por el misterio cuando veo *Matar cangrejos*, su primer largometraje de ficción y trabajo que recibió la Biznaga de Plata a la mejor película española y el de mejor interpretación femenina para Paula Campos en el Festival de Málaga –en la sección Zonazine–. La sensación es extraña. Al menos como espectador. Estoy en un cine y salvo esa referencia no conozco de nada al cineasta. Y, sorpresa, descubro una película que funciona. Y que se hace preguntas. De fondo, un territorio con gente muy confusa en cuanto a su identidad con ese mismo territorio. Apelmazado en un barrio a orillas del mar o ausente en paisajes desérticos y rocosos. La frontera: el mar.

La película es *un día en la vida de...* Centrado en dos protagonistas que aún disfrutan de su niñez. Estamos en los años 90 del pasado siglo y Michael Jackson dará un concierto en la isla, Tenerife. Lo del concierto fue una especie de sainete en versión chicharrera y si bien le sirve a Razzak de contexto, tiene su peso en la película más allá del valor de aquella fecha.

Matar cangrejos quiere y plantea preguntas pero no da respuesta. Deja puertas abiertas para que las explore el espectador. No encuentro una mirada impostada sino preocupada y muy contenida por mostrarnos las vivencias de unos personajes que viven junto al mar. La mirada de Omar Razzak no engaña y consigue que me meta en ella. Que la esté viviendo y me crea a todos los personajes que aparecen en la pantalla.

Pese a su vocación por dejar las cosas a medio hacer, a que sea el espectador quien ponga palabras en los puntos suspensivos que va dejando a lo largo y ancho del metraje, *Matar cangrejos* convence porque late dentro de la película una sana vocación por interrogar e interrogarnos acerca de lo que somos capaces de construir –y destruir– como sociedad. De cómo se han desarrollado las relaciones con el paisaje que nos rodea –bellísima la fotografía, gigantesco el trabajo de los actores, comenzando por los dos niños– y la ausencia de una identidad en un archipiélago que venden y nos venden como la réplica de un paraíso que no es tal. Una Canarias tropical que no existe y sí existe es a base de pegotes y más pegotes.

Omar Razzak estudia con distancia estas contradicciones. La madre está empeñada en que sean sus dos hijos vestidos de magos los que reciban a Michael Jackson a pie de pista cuando aterrice en Los Rodeos. La visita de Jackson despertó ilusiones en la población de un archipiélago que en aquellos días atravesaba una crisis que, así lo ha demostrado el paso del tiempo, parece cíclica.

Al margen del trasfondo, la realización de *Matar cangrejos* es muy clásica y, al mismo tiempo, casi documental. ¿Se trata de una película de no ficción con mucha ficción? En pantalla aparecen escenarios como los de Boca Cangrejo. También la estructura de un hotel a medio construir en primera línea de costa y una oficina municipal donde la funcionaria que atiende a la abuela para informarle de los documentos que precisa para que no la desahucien habla con acento peninsular.

Para complicar la situación, la madre, que mantiene una relación con un holandés que parece varado en la isla, se encuentra en estado de buena esperanza y los vecinos y amigos de los protagonistas actúan como si para ellos no existiera un futuro posible.

Pese a que la cinta marque distancia y huya como de la peste de cualquier asomo de sentimentalismo, y pese a esos signos de cultura más que cultura canaria que han ido engordando los ingredientes que unos pocos se han empeñado en que formen parte de ese otro gran misterio que es la canariedad, es significativo que la isla en la que se desarrolla la película, Tenerife, apenas se nombre. Forma parte de un archipiélago donde afortunadamente gente como Razzak demuestra que va más allá de la chácara y el tambor, aunque chácaras y tambores aparezcan también en la película, que revela una isla imaginada que se parece en muchas cosas a las que conozco.

Matar cangrejos es una película notable, que se sale de la tónica a la que nos tiene acostumbrado el cine que se rueda aquí con apoyo de aquí. Y me sorprende y agradezco la voluntad que tiene Razzak para que sigamos la vida de sus personajes, las pequeñas odiseas cotidianas que viven.

Pese a sus limitaciones presupuestarias, que se aprecian pero que no ejercen presión en el resultado final, *Matar cangrejos* me enseña una isla que reconozco en algunos de sus fragmentos.

Me pregunto –las preguntas– por qué no aparecen en la película figuras paternas y si aparecen que adopten la forma de un pescador que cuando habla no se le entiende o un holandés que cuando intenta ejercer su autoridad como adulto retrocede ante la amenaza de unos guanajos adolescentes, amigos de la niña protagonista que resultan, curiosamente, niños y no niñas... Son los personajes, pero sobre todo son los actores que interpretan a los personajes los que engrandecen esta película, los que imprimen el sello de autenticidad al relato. Comenzando por los niños, la madre y la abuela y terminando por los vecinos de Boca Cangrejo.

Me gusta *Matar cangrejos* porque me sorprende y hace que espere con interés nuevos trabajos de un cineasta que con esta película lo es, a mi parecer, con todas sus letras.

LA ISLA DEL INFIERNO: CINE GUANCHEPOP

DIRECCIÓN Y GUION: Javier Fernández Caldas / PRODUCCIÓN: Caldas y Caldas F.C. / FOTOGRAFÍA: Juan A. Castaño / MÚSICA: Raúl Capote / INTÉRPRETES: José Conde, Tony Acosta, Paolo Scola, Arturo Soriano, Rogelio Quintana / DURACIÓN: 90 minutos/ AÑO: 1999.

Existen las películas de culto y las películas que quieren ser de culto. A las primeras se las reconoce porque cuando se estrenan generan a su alrededor algo parecido a una secta de fanáticos, un grupo que se cree ungido por la revelación y que termina por hacer suya esa cinta probablemente marciana porque tiene *algo*, y ese *algo* es lo que genera su razón de culto.

Los segundos engloban a todas esas películas que nacieron con la idea de ser o rendir culto a otra de culto. Por norma general suelen estar bien, han sido realizadas con cierto oficio por aficionados que, en el delirio de su culto o friquismo escogen una forma de hacer las cosas mal hechas sin ser conscientes, o lo que es peor, siendo conscientes, de que con ello sacrifican su personalidad si alguna vez la tuvieron.

El acabado de las obras resulta así de poco interés ya que se tratan de imitaciones de uno o varios originales olvidando lo que hace grandes a las auténticas películas de culto, películas que son de culto no por ser malas, y muchas lo son a rabiar, sino porque tienen algo que las caracteriza, las diferencias del resto. Tienen, en definitiva, mirada, personalidad.

La isla del infierno, ya en *dvd*, pertenece a la primera categoría porque se trata de una película de culto. Un nuevo visionado confirma además lo que se vio la primera vez en cines, que continúa funcionando porque detrás de cada una de las escenas –elaboradas pese a la escasez de medios– se encuentra la mano de un director, Javier Fernández Caldas, que vuelca en algo más de una hora todos los referentes cinematográficos que lo han configurado como cineasta.

Por eso es tan difícil de catalogar y mucho menos ubicar en cualquier corriente genérica está refrescante y enloquecida película porque *La isla de infierno* no es una película histórica aunque se desarrolle en un periodo histórico muy concreto, pero sí que se trata de una película de aventuras al viejo estilo y un puchero en el que se guisa condimentos que van desde el cine de piratas al fantástico cocinados al fuego lento con una genuina y salvaje anarquía en el que todo vale para entretener al espectador.

Entre los aciertos de la película destacaríamos su amplia y variada galería de personajes comenzando por el capitán, interpretado por un inmenso José Conde con energía inagotable y los templarios, estrafalarios guerreros mitad monjes y mitad soldados que lidera en el filme un también inmenso Arturo Soriano. Otros personajes de relieve son los miembros de la tripulación del barco pirata y entre los que se encuentran Rogelio, Silver y El Hermético a la cabeza, sin olvidar al pigmeo que cabalga un avestruz y los guanches, con traidores a la comunidad por vino, inmenso el actor que encarna al aborigen beodo, Luis Herrera, y los conquistadores europeos, cuyo oficial en la película, inmenso Domingo Regalado/Rosario Miranda, despierta inquietud en cada momento que aparece en pantalla.

En este aspecto y pese a las flaquezas, vías de agua que parecen que van a anegar la película, *La isla del infierno* sale adelante haya o no tormentas porque todo cuanto cuenta va a sorprender al espectador si se rinde ante un filme que solo busca entretener sin desdeñar, ojo, su mensaje.

Y el mensaje, entre los muchos que se cruzan en un largometraje de 80 minutos de duración que saben a muy poco, es que lo mejor es perseguir quimeras que quedarse en casa aguantando las quejas de la familia –buena o mala se deja al criterio del espectador–.

En cuanto a la isla, que es el otro gran protagonista de la historia como la isla de la Calavera lo era en *King Kong*, no se han rodado en Tenerife sus paisajes con tanto retorcido lirismo. Sus playas, sus bosques, las faldas del Teide adquieren además de una insólita plasticidad un extraño componente fantástico.

El filme que celebra su veinte aniversario con el reestreno en cine de la cinta el año pasado y ahora la edición del *dvd*, ha sabido envejecer como los buenos vinos, por lo que visionarla de nuevo e imagino que descubrirla transcurrido ya esta cortina de años, es una experiencia gozosa siempre y cuando se vea con los ojos abiertos y la cabeza vacía de prejuicios porque *La isla del infierno* desde su inicio hasta el final promete lo que da: desparpajo, emoción y un sentido de la aventuras que está mucho más próximo al espíritu de los filmes de los años 30 y 40 que al actual, donde la palabra aventura ha perdido su sentido original que no era otro que el de abrir caminos al espíritu.

El *dvd* que celebra el veinte aniversario de *La isla del infierno* consta también con extras. Extras que incluye el cortometraje *El último latido* (1993), uno de los primeros trabajos del cineasta y momentos del rodaje de la película que ayudarán a hacerse una idea de cómo se rodó una cinta que desde el año de su estreno, un ya lejano 1998, hasta hoy se ha convertido en eso, una película de culto.

LA NIEBLA Y LA DONCELLA: LA GOMERA, EN NEGRO

DIRECCIÓN: Andrés M. Koppel / PRODUCCIÓN: Atresmedia Cine, Hernández y Fernández PC y Tornasol Films / GUION: Andrés M. Koppel (Novela: Lorenzo Silva) / FOTOGRAFÍA: Álvaro Gutiérrez / INTÉRPRETES: Quim Gutiérrez, Verónica Echegui, Aura Garrido, Roberto Álamo, Marian Álvarez, Paola Bontempi, Sanny van Heteren, Isak Férriz, Cristóbal Pinto, Santi López, Quique Medina, Beneharo Hernández, Jorge Kent, Elena Di Felice Benito, Fernando Navas, Adrián Galván / DURACIÓN: 104 minutos / AÑO: 2017.

Con *La niebla y la doncella* se estrena como director de largometrajes Andrés M. Koppel. En su filmografía destaca como autor del corto *La raya*, una deliciosa comedia que transcurre en la isla del Hierro y bastantes guiones como colaborador en películas como *Intacto* -Juan Carlos Fresnadillo, 2001-; *Noche de Reyes* -Miguel Bardem, 2001- y en *Zona hostil* -Adolfo Martínez Pérez, 2017-, entre otras.

Andrés M. Koppel, que fue también director de la Filmoteca Canaria, adapta en su estreno como realizador *La niebla y la doncella*, de Lorenzo Silva, tercera novela que el escritor dedica a la serie que protagonizan la pareja de guardias civiles Rubén Bevilacqua y Virginia Chamorro, historias de suspense que cuentan con muchos seguidores y en las que sus protagonistas recorren la geografía española aunque en la octava entrega de la serie, *En tierra de escorpiones*, traslada al ahora subteniente Bevilacqua a una base militar en Afganistán para que resuelva un caso teñido de muerte y corrupción en clave de novela policíaca.

La adaptación cinematográfica de la novela, y que escribe el mismo Andrés Koppel, es bastante libre con respecto al original literario pero no defraudará a los seguidores de la serie. Cuenta, además, con el añadido de que se desarrolla en los fascinantes paisajes de La Gomera, muy bien fotografiados por Álvaro Gutiérrez y que están muy presentes en la película. Forman, de hecho, una unidad con los personajes y el relato de misterio que propone la trama.

El cineasta sabe crear atmósfera y como en la novela, la niebla espesa y fantasmal que domina los montes del Cedro sirven de metáfora para narrar el espíritu de una isla y de los personajes que la habitan. Se masca, además, la tensión entre sus protagonistas, aunque no termine de resultar convincente Quim Gutiérrez como sargento Bevilacqua pero sí las actrices, en especial una estupenda Verónica Echegui y una más que correcta Aura Garrido como la cabo Chamorro.

La niebla y la doncella apuesta por el relato detectivesco, la resolución del crimen, pero también ofrece atractivas miradas sobre la isla y sus habitantes y una crítica velada a cómo se está destruyendo su paisaje natural con monstruosas instalaciones hoteleras.

Como sucede también con otras películas españolas que ruedan con sonido directo se hace a veces incomprensible lo que dicen los actores aunque no sé si se trata de un problema de vocalización de los intérpretes o del sonido de la sala donde se vio la película pero cuesta bastante entender lo que hablan en una cinta en la que la palabra es fundamental para que el espectador participe también en la resolución del caso.

Pese a este inconveniente, *La niebla y la doncella* es una película que captura la atención del espectador, a quien hace partícipe de las investigaciones hasta concluir en un final al que sí le falta más brío y emoción.

La Gomera, y algo Tenerife que también aparece como escenario en la película, muestra las dos caras de un archipiélago con cierta mirada crítica, ya que revela que más allá de los espectaculares y paradisíacos paisajes se esconden otras realidades que, en la mejor tradición de David Lynch, resultan muy oscuras y perversas.

La interpretación de la isla como un espacio en el que nada es lo que parece.

Esta contradictoria condición, que Andrés Koppel resalta en la película pero sin chirridos extremos, quizá sea uno de sus mayores atractivos ya que a medida que avanza sabe transmitir la sensación de desasosiego, traición y engaño que se apodera de Bevilacqua, un agente sagaz, licenciado en Psicología, que descubre finalmente que en Canarias nada es lo que parece, que detrás de su vistosos y exóticos paisajes se esconde una realidad turbia y peligrosa.

MUJER GATO:
MIRADAS FELINAS

DIRECCIÓN Y GUION: Josep Vilageliu / PRODUCCIÓN: Laly Díaz / FOTOGRAFÍA: Facun Pérez (Tenerife), David Delgado San Ginés (Las Palmas) / AUX. PRODUCCIÓN (LAS PALMAS): Sergio Lacave / SONIDO DIRECTO: René Martín y Daniel León Lacave / POSTPRODUCCIÓN SONIDO: René Martín / MÚSICA: Javier Marrero y Miguel Jaubert / GUITARRA: Javier Marrero / CHELO Y SAMPLERS: Miguel Jaubert / INTÉRPRETES: Cathy Pulido, Cristina Piñero, Miguel Ángel Rábade, Enzo Scala, Miguel Batista, David Santana, Norberto Trujillo/ DURACIÓN: 66 minutos / AÑO: 2024.

El que busque que le cuenten una historia en una película de Josep Vilageliu comete un error muy grande. Eso me pasó a mi que llevó más de la mitad de una vida asistiendo a sus estrenos con esa idea equivocada en la cabeza. Las películas de Josep, así, a secas, hay que verlas con otra mirada. Por un lado, para dejarse llevar por su cuidadosa puesta en escena y por otro por la elegancia estética de su cine.

Un cine de gusto clásico y por eso mismo rupturista en los tiempos que corren y un cine que pese a su raquítico presupuesto no es de serie B ni Z, sino ajeno al alfabeto que informa del presupuesto con el que se ha levantado una producción.

Por fortuna, mirar más que ver una película de Vilageliu se ha convertido en una tradición año que se va y año que comienza porque sé que cada año que empiece contaré con el estreno de una nueva película del cineasta en la que encuentre elementos comunes, constantes que marcan su trayectoria como director como, entre otras, la fascinación que siente hacia la mujer. Hacia lo femenino que no entiende, como sí entendieron erróneamente otros compañeros de generación, como el sexo débil.

Las mujeres de Vilageliu, porque son efectivamente sus mujeres, tienen rasgos y comportamiento comunes en una y otra película. Claves que están ahí y que uno ya reconoce.

En su más reciente producción, *Mujer gato*, Josep Vilageliu además de insistir en su peculiar universo femenino habla también de otras de sus constantes cinematográficas que no es otra que el cine. El cine ocupa de hecho buena parte del inicio de esta *Mujer gato*: tres amigos hablan de películas mientras picotean en la cocina de la casa de uno de ellos. La escena, un plano fijo en la que aparecen sentados en torno a una mesa, está fotografiada en blanco y negro y cuenta con frases que me llaman la atención y que interpreto como pequeñas y calculadas ironías a través de las cuales el cineasta nos desliza su manera de entender lo cinematográfico, y en la que se conversa –no discute– sobre cine y sobre series.

Cojo al vuelo la opinión que defiende uno de ellos cuando explica lo que le llama la atención de una película: «solo me interesa la mirada de algunos actores». Curiosa conclusión, e inequívoca declaración de principios de un director y también guionista que más que la mirada de los actores lo que le interesas es cómo los mira la cámara, el ojo sin párpado.

Otra broma sobre cine, solo que está vez con acento canario. Uno de los personajes se queja que ahora a los directores de las islas solo les interesan rodar películas de guanches...

Tras la conversación, *Mujer gato* continúa con una actriz, Cathy Pulido, a quien un amigo filma para enviar las imágenes a un director de cine, Miguel –trasunto del mismo Vilageliu– que está buscando a la protagonista de su nueva película. Lo atractivo de este momento es que el cineasta nos muestra cómo es el trabajo de un director de cine que hace cine porque le gusta hacer cine. Sabe que sus películas no contarán con las regalías que conceden los organismos públicos canarios, pero eso no quita que continúe obsesionado por hacer cine. Nótese el verbo utilizado, hacer. Porque lo que hace Josep Vilageliu es eso: una construcción cinematográfica que a veces, incluso, deconstruye. Tiene además esta película interés para conocer cómo lo hacen los cineastas que como Vilageliu forman parte de eso que llaman cine leve.

Al margen de levedades, que como ya indica la palabra es eso, levedad, ese no es el caso que encuentro en los trabajos de Vilageliu como de Daniel León Lacave. Son cineastas que realizan películas sólidas y con sello autoral. Para nada es un cine ligero. En este sentido, si algo me gusta de lo que hacen los leves es que su equipo de rodaje suele ser el mismo película tras película. Y esa complicidad técnica y artística se transmite en sus filmes. Todo con cuatro duros, sin subvenciones, sin pedir dinero a nadie.

En este aspecto, destaco a las actrices –siempre mujeres, son los personajes fuertes en las películas de Vilageliu– que llevan protagonizando los últimos trabajos tanto de Josep como de León Lacave, y que son Cathy Pulido, en *Mujer gato*, casi la protagonista absoluta, y Cristina Piñero, que es la que recoge el testigo de esa fémina felina que al descuido puede dar un zarpazo.

Las veo en la película y pienso que sí debe de haber un guion con diálogos y en los que se detallen escenas, también hay espacio, y mucho quiero pensar, para la improvisación. Los diálogos salen con inspirada naturalidad pero me da a mí que lo que dicen le pertenecen más a los actores que a lo que pudo ingeniar Vilageliu, aspecto éste que le da realismo y credibilidad a lo que vemos en pantalla. Hay una escena en *Mujer gato* donde el director de cine que interpreta Miguel Ángel Rábade le dice a Cristina Piñero, la actriz aspirante, una frase que me indica que no voy errado: «yo no necesito guiones». También la respuesta más que irónica, cómica, de ella: «ah... está bien».

Rodada a caballo entre Las Palmas de Gran Canaria y Santa Cruz de Tenerife -exteriores-, apenas hay primeros planos lo que hace que casi parezca teatro lo que discurre en pantalla. Una película en la que destaca por encima de otras del mismo autor el misterio y la búsqueda de respuestas ante lo femenino y el cine.

HIROKU. DEFENSORES DE GAIA: FANTASÍAS ANIMADAS DE AYER Y HOY

DIRECCIÓN: Manuel González Mauricio, Saúl Barreto / PRO-
DUCCIÓN: Oasiss, Skilver Space Animation Studios / GUION:
Manuel G. Mauricio / MÚSICA: Raúl Capote / Género: Anima-
ción / DURACIÓN: 80 minutos / AÑO: 2013.

Si ves *Hiroku: Defensores de Gaia* –Manuel González Mauricio
y Saúl Barreto, 2013– es probable que pienses que no eres un
adolescente. Por mucho *complejo de Peter Pan* que te devore por
dentro. Comprobarás así que la edad, esa palabra que sabe a
ácido, pesa demasiado, que casi parece una roca que te has atado
a los pies. Veo así *Hiroku: Defensores de Gaia* sin pretensiones de
recuperar aquel espíritu, aunque cuesta porque esta película
está dirigida, precisamente, a un público comprendido en ese
periodo de la vida en el que, por primera vez, el mundo comienza a tomar sentido: es un asco.

No sé, ni tampoco me importa, si con esto explico las sensaciones que me provoca *Hiroku: Defensores de Gaia*, aunque no
deje de planear sobre mi cabeza que el filme llega tarde y que lo
mejor de una película que nace con vocación de convertirse en

serie sea, a mi juicio, no su animación en 3D sino la historia que ofrece.

Partiendo de esta premisa, *Hiroku: Defensores de Gaia* es un producto aislado, una curiosa rareza dentro del cine que se rueda en la actualidad en el archipiélago, aunque su apuesta es más ambiciosa porque tiene que hacer mercado, dentro y fuera de estas islas.

En *Hiroku* ha participado un equipo reducido de personas para el estándar que exige este tipo de producciones. El equipo trabajó durante cuatro años de sangre, sudor y lágrimas para hacer posible esta producción que quiere explorar como exportar una idea de este archipiélago con imaginación. Más allá y hacia el infinito, lo que hace defender su inevitable factura de serie B dentro del actual cine de animación 3D.

Por ello y obviando su carácter de obra pionera al tratarse del primer largometraje de animación en esta técnica rodado íntegramente en Canarias, entiendo que *Hiroku* como historia tiene posibles. Yo al menos me quedé con las ganas de saber por dónde demonios irá una película que no termina porque tiene continuará...

En cuanto a su guion, el espectador iniciado reconocerá numerosas referencias cinematográficas –desde la pareja del Gordo y el Flaco a *Desafío total*, *Terminator* y *Ciudadano Kane*, entre otras– y vibrará, como fue mi caso, con un inicio que rubrica una potente banda sonora del músico y compositor Raúl Capote.

Esto me hace pensar que *Hiroku: Defensores de Gaia* abre puertas que exigen ser exploradas y explotadas porque no camufla intenciones. Hay buenos y malos. Por un lado, los defensores de Gaia, un grupo de hombres y mujeres, y por otro el malévolo Kane. Un *ciudadano Kane* cuyo poder emana de saquear los recursos del planeta. Los buenos, los defensores, operan desde una base de operaciones que se encuentra en las entrañas del Teide, y a este grupo se alía la tribu de los *neoguanches*. ¿Hay que recordar que *guanche* se interpreta como *los hijos de la tierra*? Con independencia de molestas lecturas nacionalistas, éste es uno de los elementos que más me atraen del primer largometraje de animación en 3D hecho en Canarias.

Me resulta curioso su discurso. También el hecho de contemplar en gran pantalla la imagen virtual de una isla cuya realidad actual pinta tan mal.

Admito que refresca mi espíritu, y que pienso, mientras observo esas escenas en las que aparecen hombres y mujeres tatuados y con palos entre las manos, en las posibilidades que ofrece desacralizar nuestro manipulado pasado para, irónicamente, reivindicarlo a modo de excéntrica y festiva bandera. No termina sin embargo *Hiroku* de sacarle partido a este filón, claro que sus autores habrán calculado desarrollarlo en próximos episodios...

El puñetero *continuará...*

Con todo, *Hiroku: Defensores de Gaia* es un título que intelectualmente supone un gran paso hacia adelante en el cine que se rueda en estas tierras, pero también una modesta huella en el cine de animación en 3D que se rueda y estrena en la actualidad en nuestro sufrido planeta.

LOS DÍAS VACÍOS: ENCUENTRO Y DESENCUENTRO EN UNA CAPITAL DE PROVINCIAS

DIRECCIÓN Y GUION: Daniel León Lacave / PRODUCCIÓN: Samuel Dávila / SONIDO: Borja Viera-Dani Mendoza / FOTOGRAFÍA: Pablo García Gallego / MÚSICA: Jonay Armas / INTÉRPRETES: Iván Álamo, Cathy Pulido, Ragüel Santa Ana, Cristina Piñero, Néstor Luzardo, Pino Luzardo, Ángel Pérez y Tonono González / DURACIÓN: 98 minutos / AÑO: 2015.

Hay dos características, aunque más que características son cualidades, que definen el trabajo cinematográfico de Daniel León Lacave: constancia y verdad. La verdad explica que su cine haya encontrado tan escaso eco oficial aunque, paralelamente, este ninguneo, este vacío, arrastra cada vez a más público para contemplar sus películas, algunas de ellas imbuidas por una ingenuidad ideológica que desconcierta, y otras porque al margen de su mensaje, a nuestro juicio Daniel León Lacave se crece cuando apuesta por hacer crónica de su generación.

Estas señas de identidad y la mirada que emplea para traducirla en imágenes configuran una filmografía plagada de cortos y ahora, con *Los días vacíos*, dos largometrajes –somos conscientes, sin embargo, que podría haber un tercero y si nos apuran un cuarto antes de que finalice el año– en los que se puede rastrear un cine de marcado carácter autobiográfico y el retrato teñido de desencanto de una generación, la suya, que aún transita por el bulevard de los sueños rotos.

Cineasta que lo mismo rueda en interiores como exteriores, aunque se sospecha más querencia por rodar en exteriores que en interiores, además de los actores que colaboran en *Los días vacíos* el otro gran protagonista de esta película es la ciudad de Las Palmas de Gran Canaria, capital de provincias cuyas calles y plazas refuerzan ese dramático choque con la realidad, una realidad mediocre e impuesta por las fuerzas que orbitan invisibles a nuestro alrededor mientras las esperanzas puestas en el futuro se desmoronan como se desmorona el primer amor.

Esta tragicomedia se desarrolla, como se ha dicho, en Las Palmas de Gran Canaria, una ciudad que no he visto hasta la fecha mejor fotografiada que en esta película. Y belleza que se transmite a los personajes que intervienen en su historia. La capital grancanaria se transforma así en una especie de *Manhattan* –ya saben, esa obra maestra de Woody Allen, otro cineasta, por cierto, igual de constante que León Lacave y que aparece, no sé si inevitablemente en mi cabeza, mientras veo *Los días vacíos*– que el realizador refuerza con insólito aliento poético en algunas escenas que trascienden la pantalla.

Por desgracia, este tono no se mantiene todo el tiempo ni la textura que, presumo, quiso imprimir el autor a una película que a veces resulta enojosamente pueril y otras, reiteramos, tan desconcertantemente adulta.

Los días vacíos es un relato de iniciación y sueños rotos, sí, pero también un fresco en el que se quiere mostrar cómo gente normal y corriente perdieron sus anhelos de cambiar si no el mundo, sí al menos su realidad a través de un puñado de jóvenes que de pronto, y tras finalizar su servicio militar, son llamados a buscarse la vida.

Ya hemos dicho que no se trata de una película redonda, pero incluso los errores que plagan el relato, y que son muchos, se intentan resolver con puntería cinéfila. Escenas con enorme carga dramática como la muerte y entierro del abuelo no terminan de emocionar como debieran, así como la deriva en la que se sumerge el protagonista no resulta estar lo suficientemente amarrada, o atada, que se quisiera.

Con todo, la película sí que cuenta con situaciones y diálogos brillantes. Más de una escena nos hizo sonreír e incluso soltar la carcajada... Lo que se agradece, sea dicho de paso, a medida que se desarrollan las relaciones entre unos personajes que, sin caer en la indigencia, sí que pertenecen a esa gran parte de la sociedad que sabe lo que cuesta llevar un plato de comida a la mesa.

Los días vacíos pone de manifiesto que Daniel León Lacave es un cineasta que se mueve muy bien, cómodamente nos atreveríamos a decir, en películas de ajustados presupuestos y que, ojo, sabe dirigir a sus actores, todos espléndidos y convincentes, en especial Cathy Pulido y Cristina Piñero, esta última con una notable vis cómica que ilumina la pantalla.

Esta combinación de factores hace que este aplastante retrato generacional sobre los que fueron jóvenes en los noventa, náufragos más que zombis que deambulan por la ciudad, su ciudad, sin saber lo que quieren no lo tengan todo perdido cuando se enamoran. Aunque sea precisamente el amor, y el deseo de llevar una vida en común, lo que provoque el fin de una relación.

Las mujeres en esta película aprenden a hacerse mayores mucho antes que los hombres, como la vida misma. Eso explica la actitud del protagonista, un personaje al que le cuesta salir de la crisálida de su adolescencia en la que está cómodamente instalado hasta que le dicen basta.

MUCHACHOS:
EN BUSCA DE LA ADOLESCENCIA PERDIDA

DIRECCIÓN Y GUION: Raúl Jiménez Pastor / PRODUCCIÓN: Guacimara Rodríguez Alonso /AYTE. DIRECCIÓN Y COACHING: Fátima Luzardo /FOTOGRAFÍA: Raúl J. Pastor / MONTAJE: David Cánovas / MÚSICA: Pablo Cebrián, Tangatos / INTÉRPRETES: Miguel A. Batista Rey, Antonio Cifo, Iván Prieto Abdul, Airam Hernández Molina, Héctor Castro Alonso, Manolo Guerra, Edgar García y Alba Pérez / DURACIÓN: 90 minutos / AÑO: 2013.

No sé si es consciente Raúl Jiménez del pequeño milagro conseguido con su primer largometraje, *Muchachos*, una cinta que irrumpe con entusiasmo renovador en un mundillo cinematográfico como es el que se cuece en las islas, tan preocupado por el sexo de los ángeles y casi siempre tan dantesco en sus pretensiones intelectuales.

Y desde esta perspectiva, Raúl Jiménez ha hecho a su manera historia.

Historia porque *Muchachos* mira directamente a su alrededor y muestra una realidad que está ahí. No huye de ella, sino que la revela manteniéndose al margen de discursos reivindicativos. Su objetivo, parece, es solo el de guiar al espectador en lo que es la vida cotidiana de sus protagonistas –un cúmulo de existencias cada vez más difícil por la mordida de la crisis– y a que compartan y arrastren con ellos sus alegrías y penas manteniendo casi siempre un humilde pero constante pulso narrativo.

Mientras la mayoría de los trabajos que se ruedan en las islas prefieren divagar por otros territorios, contar relatos a veces con afortunado tesón lírico pero siempre aspirando a escapar de su geografía humana y física, Raúl Jiménez rompe los esquemas, pulveriza lo que presumía otra película rutinaria rodada en Canarias, porque baja a la tierra. Además, otro apunte insólito en un filme ya de por sí insólito, construye un complejo retrato coral donde se cruzan historias por la que circulan tres adolescentes, jóvenes sin demasiado futuro por delante; sus respectivos padres, un abuelo ilustrado y algo anarquista; un aprendiz de político y su novia...

Muchachos se localiza, aunque no se dice, en un barrio de la ciudad de La Laguna, y por su geografía se mueve toda esta fauna de protagonistas arrastrando sus penurias e inquietudes que se describe en pantalla con una deliciosa y sonora variedad de acentos. Desde el canario más abrupto a un peninsular afincado en las islas, elementos que refuerzan el atractivo realismo –mágico en ocasiones– de una cinta que, más allá de sus flaquezas emocionales, sabe a auténtica.

Muchachos bebe de fuentes varias, aunque la más obvia es la de un cine con vocación social tan necesitado en las islas para entender lo que, humanamente, está pasando.

Para narrarlo, Raúl Jiménez hace equilibrios entre la sutil línea que divide drama y comedia y emplea para ello actores profesionales y debutantes con resultados muy afortunados.

El filme conmueve. Y se hace espacio, ese mismo espacio que buscan los protagonistas de la película. Una película que disculpa sus carencias, que el discurso tiemble, que, técnicamente, resulte a veces tan contundente y otras no tanto...

Muchachos es un largometraje independiente que ha costado dos años de trabajo, explicó Raúl Jiménez en el pase privado que ofreció el viernes, 15 de noviembre, en el espacio cultural Aguere. Y las razones resultan evidentes: indigencia presupuestaria. Aunque el cineasta supo salvarlas con imaginación y sobre todo, creo, una fe en el proyecto de la que deberían de tomar nota en el mundillo del cine canario. Más en unos tiempos donde la enlodada agua que brotaba del grifo del Gobierno regional ha dejado de manar.

Muchachos es por eso como un milagro. Una luz pequeñita pero honesta en sus intenciones que debería de obtener el reconocimiento que se merece. Mientras tanto, quédense con este título, *Muchachos*, y con su director, Raúl Jiménez. También con el ejército de actores que participa y por los técnicos que se encuentran detrás de las cámaras. Esperen a ver una película distinta en nuestro universo canario con ecos, afortunadamente marginados, de *Barrio* –Fernando León de Aranoa, 1998– y otros que hubiera celebrado el Luis Buñuel de *Los olvidados*.

Una película, *Muchachos*, que sin querer ser rompedora se coloca a la vanguardia del cine que actualmente se rueda a este lado del Atlántico.

PLATÓN:
UNA *ROAD MOVIE* CANARIA

DIRECCIÓN Y GUION: Iván López / PRODUCCIÓN: JuanMa Villar Betancort / AYUDANTES DE DIRECCIÓN: Lamberto Guerra, Jonathan González y Ruth Angelina Fuentes / DIRECTOR DE FOTOGRAFÍA: Javier Arias Afonso (JA Doria) / MÚSICA ORIGINAL: Dan Silva / DIRECCIÓN DE ARTE: Miriam Cruz Rufino / INTÉRPRETES: Leandro González, Alba Tonini, Vicente Ayala, Carmen Mª Hernández, Patricia Álvarez, Sofía Privitera, Ken Appledorn, Carlos de León García, Lioba Herrera, Abián Díaz, Javier Mezkia, Domingo de Luis García, Irene Álvarez, Julián Estornell, Aarón Gómez / DURACIÓN: 116 minutos / AÑO: 2019.

Platón es una película insólita en el panorama actual del cine que se rueda en Canarias. Insólita porque narra visualmente una historia, historia de y con personajes que se bifurcan en otros relatos que complementan al principal, además de contar con una factura técnica y artística estimable.

La película cuenta la historia de un adolescente, Arián, con problemas (qué adolescente no los tiene) que vive con su madre en una modesta casa en un barrio de la periferia de Santa Cruz de Tenerife. Las relaciones entre los dos son tirantes ya que Arián cree que ella es la responsable de que su padre los abandonara cuando era pequeño. Arián carece así de referentes masculinos y sufre continuas humillaciones por parte de otros jóvenes.

A Arián le gusta una chica que estudia en la biblioteca y su única amiga es otra chica, Milena, que le muestra rincones desconocidos de la ciudad en la que viven (bunkers, piscinas vacías y en estado de abandono, tanques de petróleo vacíos...) que está secretamente enamorada de él.

La segunda parte de la película se centra en el viaje, ciertamente iniciático, que emprende Arián para conocer a su progenitor, que fue una estrella de rock local y que ahora vive alcoholizado en una caravana que está detenida en un paisaje desértico a orillas del mar.

Platón no cuenta nada nuevo pero es cómo lo expresa cinematográficamente Iván López lo que le da agradecido aroma social a una película que, pese a sus trampas sentimentales, se sigue con atención porque está rodada con el corazón y, como apuntó el cineasta la noche del estreno, es «honesta».

Honesta con sus personajes y honesta con el público que es quien recibe un filme realizado con mucha dignidad y que pese a su presupuesto de risa cuida con gracia la puesta en escena y las interpretaciones de sus protagonistas.

Los actores de *Platón* son de hecho los que contribuyen a que la película sepa a verdad. Todos ellos asumen con credibilidad a sus personajes, aunque destaquen por su protagonismo la pareja de adolescentes que interpretan Leandro González –Arián– y Alba Tonini –Milena–, quienes asumen con desarmante naturalidad gran parte de la responsabilidad de una historia que tiene ecos de redención, así como el objetivo de radiografiar el turbulento proceso de hacerse mayor.

Consciente o inconscientemente, se detecta la sombra de *Guardián entre el centeno* de J.D. Salinger en la película, novela en la que su joven protagonista inicia también un viaje, aunque a la ciudad de Nueva York, que no tiene retorno.

No hemos visto además y hasta la fecha una película que haya sabido aprovechar y retratar con tanta sensibilidad los rincones y paisajes de Santa Cruz de Tenerife y otras partes de la isla. Paisajes que fotografía Javier Arias Alonso y escenarios que se funden con unos personajes que se encuentran ante la peligrosa prueba de madurar y otros, los adultos, de aceptar su destino.

En este aspecto, resulta llamativo que los adolescentes vivan en un barrio olvidado de la ciudad, un Santa Cruz de Tenerife más cinematográfico que nunca y cuyas calles, plazas y canchas de baloncesto se muestren asfixiantes y en otras con tanto aire.

El paisaje sirve también para marcar la geografía interior de los personajes: se presenta a la madre en su puesto de trabajo y en sus ratos de ocio, donde hace ejercicio y se relaja en una piscina cubierta. Se cuida; el padre, por otro lado, vive en un paraje desértico a orillas del mar que simboliza la ruina existencial en la que se encuentra.

Con todas sus virtudes y defectos, la ópera prima de Iván López en el largometraje es un eficaz entretenimiento que se sigue con atención: conmueve y encima tiene mensaje. Un mensaje que interpretamos demoledor: inevitablemente vas a crecer, y con la edad a olvidar que una vez fuiste un joven que soñó que sus fantasías podrían convertirse en realidad.

Platón nos convence y hace perdonar los topicazos de algunas de sus escenas por facilonas. Afortunadamente, el cineasta no se deja arrastrar por ellos aunque sí que bordea en ocasiones y peligrosamente lo ridículo y lo cursi. Con todo, mantiene el equilibrio en esta especie de ensayo sobre el amor platónico y la pérdida. La pérdida del padre, del primer amor... La muerte, en definitiva, del Peter Pan que todos llevamos dentro.

EL ÚLTIMO ARQUERO:
UN RETRATO SENTIMENTAL

DIRECCIÓN Y GUION: Dácil Manrique de Lara / PRODUCCIÓN: La Mirada / FOTOGRAFÍA: Dácil Manrique de Lara, Juan Antonio Castaño, Yeya Millares / MÚSICA: Christian Johansen / GÉNERO: Documental / DURACIÓN: 74 minutos / AÑO: 2020.

El último arquero es un documental que despierta emociones y que consigue que el espectador, cada día que pasa un poco más frívolo, se identifique con los protagonistas de la película. Un filme que dirige Dácil Manrique sobre su abuelo el pintor Alberto Manrique y en segundo pero siempre presente plano, su esposa, la violinista Yeya Millares.

Para acercarnos a la vida y la obra del artista, Dácil Manrique divide el documental en siete grandes bloques temáticos, capítulos en los que aproxima no solo a la labor creativa de Manrique de Lara sino también a retratar cómo fue como persona. Cada uno de estos segmentos que forman al final un todo, un cuadro más o menos impresionista sobre el protagonista del relato, lleva un título que avisa al espectador. Piezas que como las de un rompecabezas al final dibujan un retrato más o menos íntimo sobre el hombre y el artista. Estos capítulos son:

«Ich liebe dich».
«La memoria».
«Los arqueros».
«El padre».
«La renuncia».
«La pesadilla».
«El arte cura».

Los dos últimos segmentos y el cuarto –El padre– marcan una inflexión en el documental porque la cineasta toma el protagonismo de la historia. El relato deja de fluir en dirección a Alberto Manrique y se mezcla con el de su nieta, quien destaca la enorme influencia que tanto su abuelo como su abuela tuvieron en ella no solo por su manera de entender la vida sino en su aproximación al arte. En su caso, el cine, llegando incluso a revelar en el filme aspectos tenebrosos de su pasado que desnuda y a la vez libera al contarlos. En cierto sentido, la cineasta concluye, y quizá sea la lección más importante que recibió de sus abuelos, que el arte sana. Que sirve para curar y cicatrizar las heridas.

Uno de los atractivos que guarda como un tesoro El último arquero es ese proceso de fusión, de superponer ambas historias en la recta final de un trabajo que no quiere ser un documental al uso porque cuenta con una carga sentimental y poética que aniquila cualquier atisbo de objetividad. Se trata así de un documental íntimo y muy personal, una invitación al espectador a conocer desde dentro no solo el proceso creativo de Alberto Manrique y cómo se le fue apagando la memoria sino la vida privada que llevó al calor del hogar rodeado de su mujer y de una nieta a la que quisieron y cuidaron como una hija.

Es tan intensa la historia que narra, son tan fuertes los vínculos emocionales que despliega esta familia, que resulta inevitable que el espectador caiga rendido ante el filme. Cuenta con momentos de gran intensidad dramática pero también de comedia, situaciones hilarantes que relajan la carga sentimental que acumula cada una de sus secuencias, muchas de ellas fotografiadas con notable plasticidad por Juan Antonio Castaño.

Alberto Manrique fue uno de los miembros fundadores de Los Arqueros del Arte –LADAC–, movimiento artístico que aparece en Canarias a principio de los años 50 y en el que se agruparon artistas como Elvireta Escobio, Plácido Fleitas, Juan Ismael, Manolo Millares, Felo Monzón y José Julio Rodríguez. Muchos de ellos, y en unos días realmente difíciles, se atrevieron a cruzar el charco con la idea de labrarse un porvenir en Madrid. Otros, como Manrique de Lara, se quedaron en la isla porque tenían una familia a la que sacar adelante. Esa es la conclusión a la que llega su nieta, Dácil Manrique, y esta es una de las razones –otra es la pérdida de memoria de su abuelo y el hecho de rendirle homenaje a su trayectoria con esta película– que la animó a poner de pie un proyecto en el que participa también La Mirada, una productora radicada en Canarias que se caracteriza por tener un estilo propio, unas señas de identidad perfectamente definibles que determinan el sobresaliente trabajo profesional del filme. Un filme que sobresale de otros documentales recientes realizados en las islas por su vocación poética y sentimental, también por un ingenioso guion donde la cineasta que aparece en ocasiones en pantalla pero siempre ocultando el rostro, casi parece que está buscándose a sí misma a través de dos personas a los que quiere y admira: sus abuelos.

La película revela aquellas situaciones que resultaron cruciales en la vida de Alberto y Yeya. También de la propia cineasta y se habla, cómo no, de LADAC y de la infancia de sus protagonistas, también de la decisión de no marchar a la capital de España para triunfar o no en el mundo del arte y del proceso degenerativo en el que entró Alberto Manrique de Lara los últimos años de su vida. Se refleja en clave poética la pérdida de memoria de un artista que aprendió a vivir con su desmemoria y se destaca el fin último de un filme que busca que el espectador entienda que el arte tiene capacidad para curar.

GUARAPO:
EL CINE QUE PUDO SER Y NO FUE

DIRECCIÓN: Guillermo Ríos Bordón, Pedro Felipe Fernández /
PRODUCCIÓN: River Flow Pictures / GUION: Pedro Felipe, Guillermo Ríos / FOTOGRAFÍA: Alejandro Darias / MÚSICA: Juan José Falcón Sanabria, Orquesta Sinfónica de Tenerife, Jacky Ríos / MONTAJE: Pedro Felipe / INTÉRPRETES: Teodoro y Santiago Ríos Marrero, Eduardo Campoy, Roberto Ríos Marrero, Patricia Adriani, Juan Carlos Fresnadillo, Jerónimo Saavedra, Juan Manuel Cervino, entre otros / GÉNERO: Documental / DURACIÓN: 73 minutos / AÑO: 1989.

Guarapo es una de esas películas que se te quedan grabadas en la memoria cinéfila cuando la ves por primera vez porque siempre hay una primera vez, que es la que marca una mirada inocente, sin intoxicaciones externas. La mirada curiosa, la que descubre. Si el espectador es nacido o residente en las islas Guarapo sigue siendo el largometraje que hizo posible el sueño que, por mucho que insistan, todavía se está construyendo de eso que podríamos llamar «cine canario». Un cine que carece todavía de identidad. Claro que la identidad es algo que se la trae muy floja a la mayoría de los cineastas que hacen cine actualmente en estas tierras. Están más preocupados por narrar cinematográficamente historias crípticas que por contarnos cosas con una mirada de artista –otra vez la mirada– acerca de la realidad que nos rodea.

La gran aventura de Guarapo –Pedro Felipe Fernández y Guillermo Ríos, 2020– que tras dos largos años llegó por fin a las pantallas, da como resultado un, no sé si sorprendente, pero sí que emotiva radiografía sentimental en torno al filme que hicieron posible Teodoro y Santiago Ríos.

La película cuenta la historia del rodaje de *Guarapo* y habla sobre esta experiencia y también del impacto que supuso verla en pantalla grande para los actores y técnicos que colaboraron en ella así como para los especialistas y cineastas que, sin tener nada que ver en su realización, sí que fueron testigos de su estreno, estreno que terminó por convertir a la película en un fenómeno a escala regional y en un filme que, vuelto a ver, mantiene intacto su espíritu y lo que quizá sea más importante su mensaje.

Dan sus lecturas sobre *Guarapo* y lo que significó para el aún entonces embrionario «cine canario», espectadores que vivieron aquel fenómeno de cerca. Algunos de ellos insisten de hecho que se trató de un largometraje que revolucionó el estado de las cosas ya que asentó la idea de construir en el imaginario canario un cine que pudo ser posible. Y cercano para los canarios en su conjunto. La película abrió una puerta e hizo posible que se rueden hoy historias de y sobre el archipiélago con vocación universal.

Historias «nuestras» pero para todos que es lo que hizo *Guarapo* y más tarde *Mambí* y *El vuelo del guirre*, relatos cinematográficos firmados también por los Ríos y en los que se insiste en un mismo asunto: la emigración. En el caso de *Guarapo* y *Mambí*, siempre forzada por las circunstancias a Venezuela y Cuba, respectivamente, y en *El vuelo del guirre*, la más intimista de las tres, el regreso de un emigrante a su tierra de origen, en este caso Tenerife.

Uno de los aciertos de *Guarapo* fue la elección de los actores, comenzando por el llorado Luis Suárez que interpreta al protagonista, y en aquel entonces actor de moda por la serie *Cañas y barro*, según la novela de Vicente Blasco Ibáñez y que se emitió en Televisión Española. Junto a Suárez aparecen los peninsulares Patricia Adriani y Juan Luis Galiardo, y otros canarios asentados en Madrid como José Manuel Cervino, el también llorado José Conde y como extras con frases el recordado periodista Chela, entre otros.

La gran aventura de Guarapo me hace recuperar la memoria de aquel entusiasmo alegre y juvenil que nos envolvió a todos cuando la vimos. No fuimos sin embargo conscientes –y gran parte del documental trata de eso– del enorme esfuerzo que supuso levantar aquella producción prácticamente de la nada. Tampoco que despertara en los que entonces éramos adolescentes la idea de que quizá un día los canarios podrían hacer películas en Canarias. Viene a decir más o menos esto mismo Juan Carlos Fresnadillo, director de *Damsel*, *Intruders* y *28 semanas después*, entre otras.

Ha llovido mucho desde aquel estreno que supuso un terremoto en el apacible y mundanal ecosistema audiovisual canario. La situación ha mejorado visiblemente aunque las producciones canarias apenas se estrenen no ya a nivel nacional sino insular, y que catálogos promocionales como el denominado *Canarias en corto* de 2021 y 2022 no hayan podido ser vistos por el público mientras se está a la espera que la Viceconsejería de Cultura explique la razón de este frustrado doble estreno.

A la espera de una respuesta que no debe ser tan complicada, *La gran aventura de Guarapo* se merece una mayor singladura que los tres días que se exhibió en TEA Tenerife Espacio de las Artes porque ayudará a que los más jóvenes y ambiciosos aprendices de cineastas de las islas se den cuenta de una vez que esto del cine tiene pasado en Canarias. Un pasado que, por fortuna o sin ella, no supo generar la tradición que se merece.

Guarapo nos hizo creer que pudo ser posible el sueño, dejó en nuestra memoria frases memorables como «vete a echarte, merdellón», y vista hoy, con todo el delirio del siglo XXI, mantenga ese agrio sabor más de desventura que de aventura. De sueño que no termina de ser. Con todo, la película ya se ha convertido en un clásico de ese «cine canario» que pudo –y aún puede– ser posible.

LA ESTRATEGIA DEL PEQUINÉS: ATRACO (IM)PERFECTO

DIRECCIÓN: Elio Quiroga / PRODUCCIÓN: Zanzibar Producciones Audiovisuales, Begin Again Films, La Huella Efectos Digitales SL, Servicio de Cultura del Cabildo de Gran Canaria, Ian Stewart Producciones Cinematográficas, Instituto de Crédito Oficial, Televisión Española (TVE), Televisión Pública de Canarias / GUION: David Muñoz, Elio Quiroga, Alexis Ravelo (Novela: Alexis Ravelo) / MÚSICA: Brutalizzed Kids, Elio Quiroga, Alejandro Ramos, Due / FOTOGRAFÍA: Juan Antonio Castaño / INTÉRPRES: Unax Ugalde, Kira Miró, Enrique Alcides, Ismael Fritschi, Gonzalo Hernández, Jorge Bosch, Pep Jové, Alejandro Almeida / DURACIÓN: 96 minutos / AÑO: 2019.

Por aquel entonces todo parecía más o menos tranquilo en los territorios de la novela negra española hasta la publicación, entre otras, de *La estrategia del pequinés*, una novela de Alexis Ravelo en la que sus protagonistas eran parias de la tierra, famélica legión que formaban dos delincuentes de medio pelo; Cora, una prostituta que tiene el mismo nombre de la protagonista de *El cartero siempre llama dos veces*, de James M. Cain, y una ciudad, Las Palmas de Gran Canaria, descrita con una siniestra paleta oscura.

Hasta ese momento y salvo más que honrosas excepciones, la literatura policíaca que se escribía en este país –y mucho me temo que también la que se escribe ahora– estaba protagonizada por guardias civiles, policías nacionales y autonómicos como los cuerpos policiales vascos, catalanes y navarros, todos ellos honrados profesionales y defensores de la ley, pero personajes que habían obviado el verdadero espíritu que hizo grande al género, la denuncia de una realidad social corrupta, envenenada por dentro.

El género era el mejor acicate para criticar duramente la realidad de aquellos días y Ravelo, aún un escritor dubitativo, procuró mostrar cómo pensaban y cómo eran los que no lo tuvieron fácil, esos parias de la tierra que podían ser detectives privados solitarios, periodistas que aún creían en la honestidad de su oficio y delincuentes que luchaban y luchan contra el sistema.

Partiendo de esta base, Alexis Ravelo recuperó una tradición todavía poco explotada en España con *La estrategia del pequinés*, una obra en la que cuenta cómo un grupo de perdedores son capaces de enfrentarse a los gigantes, los poderosos y corruptos.

En esta novela que podría ser como una reinterpretación muy personal de *La jungla de asfalto*, de W. R. Burnett, creíble y con acento de aquí, el robo, el acto delictivo, es cometido a otro ladrón, solo que éste, abogado, está perfectamente instalado en una sociedad que solo mide a los demás por lo que llevan en el bolsillo, por lo que la novela además de la denuncia viene a decir que en el mundo del crimen existen también las clases sociales.

Un conflicto el de clase que con el paso de los años ha venido a ser una de las constantes de la mayor parte de la producción literaria de Alexis Ravelo, quien detiene la mirada en unos protagonistas que nacieron sin nada mientras describe a navajazos a los corruptos y poderosos, los que manejan el cotarro, los adoradores del becerro de oro.

Elio Quiroga, un cineasta que cuenta con una interesante y personal filmografía, adapta a la pantalla grande la novela de Alexis Ravelo y el resultado final con todas sus carencias no deja de ser satisfactorio además de una eficaz adaptación del libro.

La película se deja ver y a ratos se deja ver muy bien. Su estética a los años '70, impecablemente fotografiada en tonos muy fríos por Juan Antonio Castaño y dividir la pantalla con el objetivo de multiplicar el punto de vista del filme son solo algunos de los hallazgos de una película que ha sabido captar el espíritu de la novela original, lo que no era una tarea fácil.

En todo este proceso, Elio Quiroga no traiciona su mirada, bien es cierto que más contenida que otras veces pero esto en vez de ir en demérito redondea una cinta que, a nuestro juicio, es la más lograda de un cineasta que tiene ojo cinematográfico y que no traiciona aunque sí matiza su estilo.

El reparto ayuda a sostener la película. Kira Miró hace de Cora y viste al personaje con el mismo encanto con el que la describió Alexis Ravelo en la novela. Lo mismo pasa con Unax Ugalde y Enrique Alcides como Junior, turbio y peligroso. Destaca también el trabajo de Ismael Fritchi, Jorge Bosch y Pep Jové, este último como El Gordo, personajes todos que encajan muy bien en el imaginario que como lector asumimos al leer la novela.

En cuanto a la historia, Elio Quiroga refleja lo esencial de la obra literaria, recogiendo algunas de las claves que Ravelo diseminó en ella y que ya forman parte del universo del escritor como es recurrir a la variedad del español que se habla en Canarias, y que en la película como en la novela no chirría, se desliza perfectamente entre unos y otros, y describe el paisaje nocturno de una ciudad que resulta muy creíble como espacio negro y criminal.

Como espectador, se me fueron las casi dos horas que dura el largometraje como si nada, la misma sensación que tuve cuando leí el libro. Al mismo tiempo, me preguntaba las razones de que no se recurra con más frecuencia al rico y variado material literario que hay en las islas para ser llevado al cine.

La estrategia del pequinés, al margen de su origen literario, funciona también como película autónoma y romperá moldes en el cine de género que se rueda en España porque su mensaje es directo y sus protagonistas tipos que han terminado así porque les fue mal en la vida. Pese a todo, intentan vivir y dejar vivir.

Se trata de un filme atípico que hace verosímil una historia de amor y muerte que transcurre en un escenario conocido y en el que algunos de sus personajes hablan con acento canario y otros peninsular. La mezcla no resulta caótica sino natural porque este elemento es uno más dentro de una película que sin ser redonda atrapa ya que narra muy bien una historia que va más allá del robo y que sin pretensiones y agradecida humildad resuelve de manera notable el espíritu de un libro que, a su manera, hizo historia en el género negro y criminal español y ahora en la carrera como cineasta de Elio Quiroga, un tipo que ha sabido traducir el mundo imaginado por Ravelo en imágenes. Algunas de ellas muy poderosas como la del puerto de la capital grancanaria iluminado de noche por las plataformas petrolíferas o la del reencuentro de la pareja protagonista.

BENITO PÉREZ BUÑUEL: LA EXTRAÑA PAREJA

DIRECCIÓN Y GUION: Luis Roca Arencibia / FOTOGRAFÍA: Santiago Torres / MÚSICA: Lisandro Rodriguez / PRODUCCIÓN: Marta de Santa Ana / GÉNERO: Documental con animación / DURACIÓN: 74 minutos / AÑO: 2022.

Benito Pérez Buñuel es un proyecto largamente acariciado por su guionista y director, Luis Roca, escritor y periodista que, literalmente, es además de un galdosiano, lo que le viene de familia, un seguidor del cine de Buñuel forjado a través del paso de los años, de quemarse las pestañas viendo películas del genial cineasta, un hombre cuya obra trasciende la pantalla y a la que parece que el paso del tiempo apenas envejece.

La influencia que tuvo la obra del escritor Benito Pérez Galdós en su cine es uno de los grandes temas que aborda este documental, ya lo avisa desde su título, *Benito Pérez Buñuel*, pero también trata otros temas siempre vinculados a este binomio genial, lo que da más atractivo a un trabajo que no renuncia a sus ambiciones, ambiciones que a lo largo de todo el filme sabe canalizar sin estridencias salvo algunas descartables ocurrencias para que, como espectadores, entendamos que este documental, que este hermoso homenaje a dos grandes de España –Galdós y Buñuel– unidos tanto sentimental como espiritualmente afectó también la vida de otros. Y uno de esos otros es, precisamente, Luis Roca.

Por eso, Benito Pérez Buñuel debe verse y debe entenderse como una película que no solo va a contar –y en ocasiones revelar– cómo los elementos de la literatura de Galdós penetraron en el imaginario del cineasta sino también cómo su director llegó primero a Galdós a través de su madre, Yolanda Arencibia, catedrática de la Universidad de Las Palmas de Gran Canaria y autora de *Galdós. Una biografía*, por la que recibió el XXXII Premio Comillas 2020, y que es una de las mayores expertas en la vida y en la obra del autor de *Fortunata y Jacinta*.

En el documental, Luis Roca explica esta relación con Galdós dejando entrar al espectador en la casa de sus padres, donde se observan bustos del escritor. En este ambiente, el director y guionista mantiene conversaciones con sus progenitores –su madre aparece como una de las entrevistadas– pero no aportan otra información que la que cruzan unos padres con sus hijos. En este caso, en un escenario donde se nota, casi se toca con los dedos, la presencia de Galdós.

El documental nos presenta así y de momento, dos historias que no convergen pero sí que van paralelas a lo largo del metraje. En este sentido, *Benito Pérez Buñuel* no existiría como tal si Luis Roca no hubiera crecido en el hogar en el que nació. Un hogar, y así lo muestra, donde la familia convive con Galdós.

El otro gran protagonista de *Benito Pérez Buñuel* ya no es ni el escritor ni el director de *El discreto encanto de la burguesía*, sino la capital grancanaria. La película es una confesa carta de amor a la ciudad en la que nació el escritor y Luis Roca. Se sigue así la huella de Galdós por sus calles y plazas, también en un complejo de viviendas y en otros espacios que se reflejan en la película en imagen real y también en dibujos animados.

Los dibujos animados son un componente esencial en este trabajo ya que ayudan sin recurrir a las para mí siempre falsas recreaciones, a contarnos momentos muy significativos en la vida de Galdós y Buñuel que a mi modo de ver le dan mucho vigor al documental.

Paralelamente, se va desgranando la relación entre el escritor y el cineasta aragonés, y trata de explicar la fascinación que sintió Luis Buñuel desde muy joven por las novelas del escritor que ubicó a Madrid en el mapa de la literatura a finales del XIX y principios del XX.

Es a través de los dibujos animados donde vemos el primer y último encuentro de Buñuel con un Galdós enfermo y en cama. También sus encuentros con Max Aub, autor de la fascinante *Luis Buñuel, novela* y a quien le confesó «la única influencia que yo reconocería es la de Galdós, así, en general, sobre mí». En dibujos animados se recrea también la despedida del escritor siendo un adolescente de la capital grancanaria cuando zarpó en barco rumbo a la capital de España. Una despedida que tuvo mucho de amargo porque el futuro y reconocido escritor dejó en su tierra natal a su primer amor, una relación sentimental que fabuló Santiago Gil en la novela *El gran amor de Galdós*.

Rodado en Gran Canaria, Calanda –Teruel–, donde nació Luis Buñuel, y México, entre otras localizaciones, el documental reúne a un destacado grupo de expertos que hablan en torno a las vinculaciones del cine de Buñuel con la literatura de Galdós. Buñuel de hecho adaptó con mirada muy personal novelas del escritor como *Nazarín* (1959) y *Tristana* (1970) y también *Viridiana* (1961) una adaptación muy Buñuel de *Halma*.

Todas estas piezas, piezas que son fundamentales en ese rompecabezas que es *Benito Pérez Buñuel*, dan sustancia al relato que narra la íntima relación intelectual que uno imprimió sobre el otro. Además, la sombra del escritor en la vida de Luis Roca y la capital grancanaria como escenario de toda esta gigantesca aventura que ha terminado siendo este documental forman al final un retrato en el que se muestra la influencia que tuvo Galdós sobre Buñuel mientras expertos como Arantxa Aguirre, Carolina Fernández Cordero, Elena Poniatowska y Víctor Fuentes, entre otros, aportan información que dan más espesor a esta extraordinaria relación.

Uno de los entrevistados resume en tres grandes etapas el universo del cineasta aragonés: la teológica, la realista y la surrealista, y viene a comentar que estas mismas pautas se encuentran en la literatura del autor de *Los episodios nacionales*... Tanto que la famosa escena que aparece en *El perro andaluz* de un ojo, una nube y una navaja, tiene su origen en Galdós.

A VECES EL AMOR:
¿TODO ES APARIENCIA?

DIRECCIÓN Y GUION: José Víctor Fuentes / PRODUCCIÓN: José Víctor Fuentes / FOTOGRAFÍA: Virginia Park y José Víctor Fuentes / EDICIÓN: José Víctor Fuentes / SONIDO: Daniel Mendoza / DURACIÓN: 80 minutos / AÑO: 2020.

Todo es aparente en A *veces el amor,* un nuevo largometraje del realizador José Víctor Fuentes, conocido, sobre todo, por ser el director del Festivalito de La Palma. Se escribe «aparente» porque la «aparente» sinceridad de su nueva película esconde, mejor camufla en su fondo una extrema complejidad que va más allá de la polémica, de provocar la mirada del espectador.

A *veces el amor* sigue a una pareja de enamorados ante la llegada de un tercer miembro a esa unidad hecha de dos personas: un hijo. Este nuevo personaje invoca cierta inestabilidad en la relación hombre y mujer que hasta ese momento se ha reproducido en pantalla aunque al final se impone la sensatez por lo que la unidad se transforma ahora en cosa de tres.

La historia está contada por el mismo director del largometraje y sospecho que tanto su pareja como su hijo en pantalla deben de ser su pareja y su hijo en la vida real. Este elemento de realidad, que tritura cualquier asomo de ficción, planea a lo largo de todo el largo, largo, largometraje. Lo que genera reacciones encontradas en el espectador. Por un lado porque perturba que todo, todo lo que se muestra a cámara es «verdad», lo que hace pensar qué diablos estoy viendo ¿una película «familiar» en la que sus protagonistas muestran su felicidad e infelicidad? Por otro, que el relato se cuente a través de materiales, muchos de ellos caseros, lo que convierte el visionado de una película en la que a veces asoma el amor en un trabajo dificultoso, que se adentra pero también expulsa el normal seguimiento del filme.

Con un metraje medido, que recortara su duración, este documento de no ficción aunque contenga elementos de ficción en su sentido más estricto, hubiera resultado otra cosa.

Da la sensación, incómoda por otra parte, de cierta ausencia de pudor –morbo mezclado con preocupante curiosidad– al observar un filme que muestra a la familia del cineasta y al propio cineasta en situaciones cotidianas. Es decir, tal como son o tal y como deberían ser ante la mirada primero asombrada y más tarde aturdida del espectador. Un espectador que con esta película se sentirá azorado al sentirse un *voyeur* que se asoma a mirar la vida de los otros.

Pero es aquí, en estos materiales caseros, donde radica la grandeza de una película que se limita a contarnos el día a día de una familia que, con un metraje más reducido, hubiera redondeado el efecto que pretende. Un trabajo que por su duración termina por conducir a sus cuarteles de invierno al espectador más entusiasta.

Con todo, esta experiencia fílmica, recupera picos de interés a medida que avanza –el nacimiento y crecimiento del hijo– ya que son tan emocionales que transmiten por sí solo ternura ante lo que desfila en pantalla.

No obstante y al margen de su entusiasmo por provocar al espectador, A veces el amor se deja ver como un documento más que fílmico, social. Su mirada en este sentido es muy limpia, pero al no contar más historias que el día a día de la pareja y su retoño, sobre todo en la segunda mitad, el filme solo retrata la vida en común de dos -ahora tres- personas que se quieren. Que se quieren pero que también se distancian. De ahí, se entiende, el título de este documento a lo *cinema verité* al que le falta mayor testarudez por convertir en cine lo que muestra y revela.

La duración de la película es de 80 minutos y se cuenta desde la perspectiva del protagonista, el mismo José Víctor Fuentes, un cineasta acostumbrado a desdoblarse no sé si en otras identidades, pero sí al menos bajo otros nombres. Asegura el mismo Fuentes que esta película fue concebida como un diario fílmico en el que intentó resumir la crisis de los '40. Para ello se despojó de vestimentas y a pecho descubierto decidió desnudar «emocionalmente» a su familia ante la cámara. Se trata pues de una «aparente» confesión donde las emociones más que lo racional ganan la partida.

El juego, que no es nuevo, a priori resultaba atractivo, aunque se limita a retratar los distintos estados que sufre como «cuarentón» sin tener muy claro la evolución que esperaba mostrar en la pantalla. ¿Aparentemente?, parece que la película no tiene guion, que todo cuanto vemos es producto de lo que la pareja ha ido grabando de sus distintas e improvisadas estampas familiares a lo largo de los años.

Me atrae la sensación de que el material audiovisual que se visualiza es espontáneo. Que todo es fruto de la improvisación, aunque las escenas que crecen son aquellas en las que se nota cierto trabajo antes de ser rodadas.

No creo que nadie le reste valor a este largometraje que sirve de testimonio de una experiencia tan vital como es la de vivir en pareja y el nacimiento del primer hijo, pero le falta algo tan importante como es vocación de entretenimiento, de contar algo sin necesidad de vagar por escenarios tan variopintos como los que muestra esta película.

Se reconoce la vocación de riesgo del largometraje y resulta en un primer momento muy atractiva la mirada que como observador tiene el cineasta de sí mismo. O de ese desdoblamiento que da de sí mismo en pantalla, pero el producto se agota a medida que avanza en su intento por mostrar la vida cotidiana de una familia que ama el cine.

UNA LUZ EN LA ISLA:
DOMINGO PÉREZ MINIK,
EL HOMBRE TRANQUILO

DIRECCIÓN: Miguel G. Morales / PRODUCCIÓN: Un proyecto de la Obra Social y Cultural de CajaCanarias con la colaboración de Televisión Española y Radio Nacional de España; Altagracia Producciones / GUION: Juan Cruz Ruiz / EDICIÓN: Jorge Rojas / MÚSICA: Fabián Yanes / DURACIÓN: 63 minutos / AÑO: 2010.

Me ha conmovido *Una luz en la isla*. Y me ha conmovido porque se trata de un documental que no esconde su razón de ser: un homenaje a la figura de Domingo Pérez Minik. Un hombre que encarna las virtudes de un territorio tan escaso de virtudes como es el nuestro.

Idea original del periodista y escritor Juan Cruz y realizada con asombrosa pericia narrativa y enorme carga emocional por Miguel G. Morales, *Una luz en la isla* al modo de *Ciudadano Kane* de Orson Welles reconstruye la vida y obra del pensador tinerfeño a través de voces –la de Nuria Espert, Eduardo Haro Tecglen, Emilio Lledó, Martín Chirino, José Manuel Caballero Bonald, Francisco Nieva, Luis Alemany, Emilio Sánchez Ortiz, entre otros– que lo conocieron y lo que es más importante, quisieron. Claro que, a estas alturas, ¿quién puede hablar mal de Domingo Pérez Minik?

Su idea de la isla y de esta ciudad enferma que es Santa Cruz de Tenerife continúa siendo de una actualidad arrolladora. Por ello quiero pensar que ojalá lo reinterpreten quienes ahora y gracias a este interesante documento lo descubran y asimilen cuando lean algunos de sus todavía desarmantes libros.

Como Kane, pero visto a través de un espejo sin deformidades siniestras, su persona está por encima de cualquiera de las valoraciones que los invitados a recordar su memoria guardan sobre este hombre. Una mezcla de *dandy* británico e hidalgo español que nació por caprichos de la naturaleza a este lado del océano.

Emociona *Una luz en la isla* porque Domingo Pérez Minik emociona como personaje. Aunque resulte terrible, pensé mientras veía el documental, que ilustres hombres como él ya no existan en nuestro castigado archipiélago desmemoriado. Es posible, no obstante, que esta película recupere una forma de entender un espacio –las islas– de otra manera porque su cachonda lucidez intelectual, más cercana a la sana e ingenua inteligencia de un sabio, no dejó nunca de reflexionar sobre nuestra condición insular.

Una luz en el camino revela además la posibilidad de una isla que pudo ser y que, desgraciadamente, no fue. Hace pensar en lo que hubiera sido de nosotros si la Guerra Civil no trunca en mil pedazos aquella marciana generación de agitadores intelectuales que habitaba en un pueblo de ignorantes. A aquel puñado de hombres con ideas raras en la cabeza que estaba dispuesto a comerse el mundo desde la periferia hasta la victoria de la mediocridad pulverizó su refrescante forma de pensar y entender la realidad.

El trabajo de Miguel G. Morales y Juan Cruz, con el apoyo de Jorge Rojas –edición–; Fabián Yanes –música– y José Manuel Cervino –voz en *off*– logra que el espectador que no conoció a Pérez Minik se enamore del personaje y lo que es más difícil, que note en falta una luz como la suya para iluminar este camino que nos ha tocado vivir.

Anexo fotográfico I
Fotografías de los cineastas entrevistados

Mercedes Afonso, cineasta

Javier Fernández Caldas, director

Jennifer Castañeda, directora
del largometraje *Gleich*

Lucas Fernández, director
y productor

Esposados, de Juan Carlos Fresnadillo, fue
nominada a los Oscar como Mejor
Cortometraie de Ficción en su edición de 1997

José Víctor Fuentes, director de cine y del Festivalito
de La Palma que se celebró en 2024 su XIX edición

Manuel González Mauricio, director del primer largometraje
de animación generado por ordenador en Canarias

Raúl Jiménez es uno de los cineastas sociales
más destacados del archipiélago

Andrés M. Koppel debutó en los años 90
con el cortometraje *La Raya*

El cineasta Daniel León Lacave apuesta más por el paisaje
urbano que por el natural en sus películas

Iván López es director de películas de ficción y documentales

Fátima Luzardo, además de cineasta,
está muy vinculada al mundo del teatro

Dácil Manrique de Lara ha dirigido
videoclips y documentales

Estrella Monterrey es una de las cineastas
canarias que más importancia le dan
al paisaje en sus películas

Miguel G. Morales prepara ahora
un largometraje de ficción

Sergio Morales, gestor cultural

Elio Quiroga. Foto de Óscar Fernández Grengo

David Pantaleón, director de *Rendir los machos*

Armando Ravelo anunció hace unos meses
que se retiraba del cine

El paisaje tiene mucha importancia
en el cine de Omar Razzak

Santiago Ríos, cineasta

Teodoro Ríos, cineasta

Luis Roca, escritor y director de documentales

Josep Vilageliu es uno de los cineastas
más prolíficos de Canarias

Anexo fotográfico II

Carteles e imágenes
de las películas comentadas

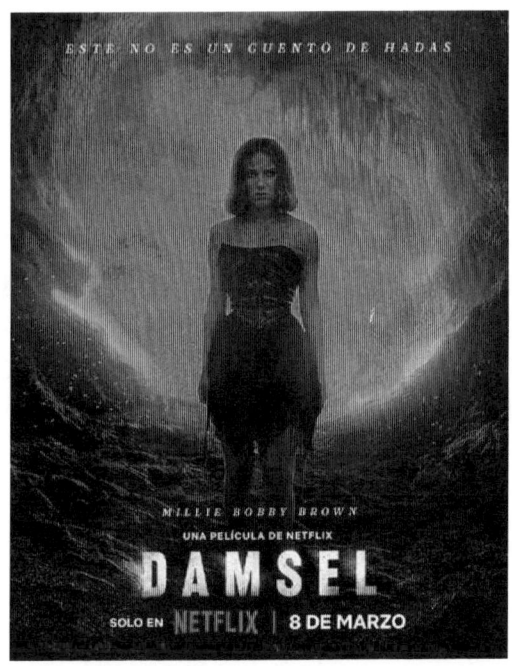

Damsel se ha convertido en uno de los estrenos
más vistos de Netflix

Matar cangrejos ha recibido entre otros, la Biznaga de plata
a la mejor película española en el 26º Festival de Málaga

La isla del infierno se ha convertido en una película de culto

La película está basada en una novela
de Lorenzo Silva

Mujer gato es una película de «cine leve»

Hiroku, defensores de Gaia es la primera película canaria de animación generada por ordenador

LOS DÍAS VACÍOS

iván álamo   cathy pulido   ragüel santana   cristina piñero

una película de
DANIEL LEÓN LACAVE

Los días vacíos es un retrato generacional
rodado en la capital de Gran Canaria

Raúl Jiménez es un cineasta preocupado
por retratar la infancia y la adolescencia

Platón es el primer largometraje de ficción
de Iván López

El último arquero explora las relaciones familiares
de Alberto Manrique y su esposa Yeya Millares

El documental cuenta la historia de la preparación,
rodaje y estreno de *Guarapo*

La película está basada en la novela del mismo
título del escritor grancanario Alexis Ravelo

Benito Pérez Buñuel cuenta la relación entre Galdós y Buñuel

José Víctor Fuentes ofrece con esta película
su peculiar visión del amor

Una luz en la isla. Domingo Pérez Minik ahonda en la vida
y obra de Domingo Pérez Minik

ÍNDICE

Presentación...11

PAISAJES DEL ALMA...19
«Mi cine no se entiende sin La Palma», Mercedes
Afonso..21
«El futuro del cine canario lo veo azul oscuro casi negro»,
Javier Fernández Caldas..27
«No puedo buscar emociones con la inmediatez que sí
puedo en un libro», Jennifer Castañeda............. 33
«Siempre he pensado que la insularidad provoca
interpretaciones muy singulares de la realidad», Lucas
Fernández...41
«Me interesan los personajes ordinarios sometidos a una
situación extraordinaria», Juan Carlos Fresnadillo...........47
«Hace falta más implicación de la Televisión Canaria»,
José Víctor Fuentes...55
«La metáfora de la isla espejismo es idónea para definir lo
que es la cultura canaria», Manuel González Mauricio......65
«Canarias tiene también su propia identidad», Raúl
Jiménez..73

«Canarias mantiene una relación de amor y odio con el paisaje», Andrés Koppel 83

«Me resulta más interesante un plano en las callejuelas de La Isleta que en el Roque Nublo», Daniel León Lacave 91

«La Televisión Canaria no mima al cine canario», Iván López 99

«La Televisión Canaria debe invertir en cine canario», Fátima Luzardo 105

«Un canario es un canario aquí y en Berlín», Dácil Manrique de Lara 115

«Me gusta el cine, pero no a cualquier precio», Estrella Monterrey 121

«En Canarias en todos los aspectos, en todas las artes, no ves artistas comprometidos», Miguel G. Morales 129

«Me interesa la identidad como parte del territorio, cruzado por diversas culturas», Sergio Morales 143

«Vivimos en un país que no ha sabido salir de Madrid», Elio Quiroga 151

«La función de las películas es la de generar diálogos», David Pantaleón 159

«El cine canario no existe porque no se tienden puentes», Armando Ravelo 171

«Aquí se vive en un paraíso que no es real», Omar Razzak 177

«Notamos que aquí, en las islas, había una falta terrible de autoestima», Teodoro y Santiago Ríos 187

«Los canarios también tenemos derecho a construir un cine propio», Luis Roca 197

«El cine es el arte de la ocultación», Josep Vilageliu 209

CRÍTICAS DE PELÍCULAS 221

Damsel: Érase una vez 223

Matar cangrejos: Un problema serio de identidad 227

La isla del infierno: Cine *guanchepop* 231

La niebla y la doncella: La Gomera, en negro 235

Mujer gato: Miradas felinas 239

Hiroku. Defensores de Gaia: Fantasías animadas de ayer
y hoy...243

Los días vacíos: Encuentro y desencuentro en una capital
de provincias 247

Muchachos: En busca de la adolescencia perdida 251

Platón: Una *road movie* canaria 255

El último arquero: Un retrato sentimental.......................259

Guarapo: El cine que pudo ser y no fue 263

La estrategia del pequinés: Atraco (im)perfecto..................267

Benito Pérez Buñuel: La extraña pareja 271

A veces el amor: ¿Todo es apariencia? 275

Una luz en la isla: Domingo Pérez Minik, el hombre
tranquilo 279

ANEXO FOTOGRÁFICO I..281

ANEXO FOTOGRÁFICO II 295